Christa Mulack

Religion ist zu wichtig, um sie den Männern zu überlassen

Christa Mulack

Religion ist zu wichtig,
um sie den Männern zu überlassen

Die Göttin kehrt zurück

Kreuz

Inhalt

Einleitung

Fast unbemerkt haben Frauen in den letzten zwanzig Jahren eine religiöse Bewegung geschaffen, die sich – Religionen und Konfessionen überschreitend – weltweit verankert hat. Sie konnte sich so rasch ausbreiten, weil sie im Gegensatz zu vielen anderen religiösen Gruppierungen heute eine friedliche Bewegung ist. Vielleicht aber auch deshalb, weil sie – wie fast alles, was Frauen tun – nicht ernst genommen wird. Wenn dieser Umstand Freiräume schafft, gibt es darüber keinen Grund zur Klage.

Wenn Frauen sich jedoch in die geistige Konfrontation begeben, müssen sie sich auf Widerstand gefasst machen, der aus religiösen ebenso wie aus anti-religiösen Kreisen kommt – nicht nur von Männern. Sie haben dann eine Jahrtausende alte patriarchale Tradition gegen sich. Sie verstoßen gegen liebgewordene Vorstellungen, die zu einem unreflektierten Selbstverständnis geführt haben.

Der zu erwartende Widerstand resultiert

1. aus einem Absolutheitsanspruch männlicher Göttlichkeit, die alles zum Götzen erklärt, was dieser männlichen Macht nicht huldigt;

2. aus einem religiösen Weltbild, das dem Mann Herrschaftsmacht über Natur und Frau verleiht;

3. aus einer philosophischen Denktradition, die die Natur entgeistigt, die Materie für tot erklärt und beiden den Geist entgegengesetzt hat;

4. aus einem materialistisch-positivistischen Vorstellungsgebäude, für das nur das Messbare und Wägbare, das Sichtbare und Sagbare existiert;

5. aus einem Wirklichkeitsverständnis, das Widerspruch gegen männliche Definitionsmacht zur Ketzerei erklärt.

Auf Widersprüche aus diesen fünf Richtungen, die sich auch in Frauen selber melden können, möchte das vorliegende Buch vorbereiten. Es geht hier also nicht um spirituelle Praktiken, sondern um geistige Auseinandersetzung. Um ein Nachdenken über das, was viele Frauen schon immer irgendwie geahnt haben, aber nur selten zu Ende denken oder gar formulieren konnten.

In einem apokryphen Jesus-Text werden Menschen verflucht, die nicht wissen, was sie tun, und jene gesegnet, die sich dessen bewusst sind, was sie tun. Hier ist das Bewusstsein offensichtlich alles. Es bedarf allerdings der permanenten Korrektur und Erweiterung. Auch dazu will dieses Buch verhelfen.

Da sich Frauen heute immer stärker der Göttin-Symbolik zuwenden und damit gegen mächtige Tabus verstoßen, sollten sie nicht nur wissen, was sie tun, sondern auch, warum sie es tun. Schließlich geht es bei diesem Schritt nicht einfach um einen Austausch von Worten und Bildern, um Kulte und Rituale, sondern um die Revolution eines ganzen Welt- und Menschenbildes, um ein neues Wirklichkeits- und Seinsverständnis.

Es geht aber auch um ein tieferes Verständnis der religionsgeschichtlich hoch interessanten Veränderungen in der Gegenwart. Erleben wir doch gerade ein endgültiges Auseinanderbrechen des patriarchalen Kollektiv-Bewusstseins: Hier islamischer, christlicher und jüdischer Fundamentalismus, dort rationalistische (Pseudo-)Aufgeklärtheit – beides die Folge eines männlich-patriarchalen Allmachtswahns.

Er schuf einen Monotheismus, der das Göttliche auf Männerworte reduziert, es ansonsten innerhalb der Welt negiert und bis heute eine ganz wesentliche Quelle jener Gewalt ist, die sich mit Vorliebe gegen Frauen richtet.

Da religiöse Systeme in erster Linie Wertsysteme sind, geht es in diesem Buch auch um ein Nachdenken über Ethik, wobei deutlich wird, dass der vielbeklagte Werteverfall ein fester Bestandteil patriarchaler Religionen ist.

Frauen tun daher gut daran, ihre Werte auf den Prüfstand ihrer eigenen Vernunft und ihres gemeinsamen Wohlergehens zu heben. – Auch dies ein Anliegen dieses Buches.

Es will Frauen helfen, sich von Werten, Bildern, Vorstellungen, Wahrnehmungsweisen und Worten zu verabschieden, die sich gegen ihre Bedürfnisse und Erfahrungen richten.

Es will sie ermutigen, eigene Werte, Bilder, Vorstellungen, Wahrnehmungsweisen und Worte zu entdecken, um auf diese Weise nicht nur das Ende männlicher Autorität einzuläuten, sondern auch eine Grundlage für weiblichen Zusammenhalt zu schaffen.

Mary Daly hat in ihrem Buch »Jenseits von Gottvater, Sohn & Co.« darauf hingewiesen, dass das Modell des Universums, in dem ein männlicher Gott den Kosmos von außerhalb beherrscht, dazu dient, die männliche Kontrolle über die gesellschaftlichen Institutionen zu rechtfertigen und ihre Mechanismen zur Unterdrückung der Frauen richtig und angemessen erscheinen zu lassen.

Da aber das unbewusste Vorbild auch noch die Wahrnehmungen derer prägt, die die religiösen Lehren bewusst verworfen haben, dient dieses Buch religiöser Aufklärung. Denn eines steht fest: Der religiöse Glaube berührt die tiefsten Schichten unserer Unterdrückung. Folglich führt er uns auch zu ihren Wurzeln, die sich in uns allen ausbreiten konnten, bevor wir überhaupt in der Lage waren, es zu merken.

Für die Göttin-Bewegung bedeutet Religion nicht die Verbreitung bestimmter Ideologien und Personenkulte. Sie muss nicht geglaubt, sondern kann nur erfahren werden. Schließlich geht es ihr um nichts Geringeres als die Wiedervereinigung mit dem Göttlichen in uns, in der Natur und im Kosmos.

Vier Thesenreihen zu Frau und Gottesbild

Die nachfolgenden vier Thesenreihen sind zum einen eine komprimierte Darstellung jener Probleme, die sich für Frauen aus patriarchalen Moralsystemen und Wertvorstellungen ergeben. Es handelt sich dabei folglich um Probleme, die Frauen nicht zu verantworten haben, für die sie jedoch so lange bereit sind, Verantwortung zu übernehmen, wie sie die Verkehrtheit der ihnen zugrunde liegenden Strukturen nicht erfasst haben. In der ersten Thesenreihe geht es um die Entlastung des weiblichen Gewissens.

Andererseits werden aber auch Ansätze aufgezeigt für ein neues Wertesystem, das sich an den Erfahrungen und Bedürfnissen von Frauen ausrichtet. In der zweiten Thesenreihe geht es um ein Wiedererkennen eigener Vorstellungen und damit um eine Stärkung weiblichen Selbstwertgefühls.

In einem dritten Thesenpapier geht es darum, den traditionellen Grundwert unserer Kultur – Gott als himmlischen HERRN – in Frage zu stellen und Frauen ein weibliches religiöses Weltbild anzubieten, das eine wesentlich längere Traditionsgeschichte hinter sich hat. Immer wieder wurde es diffamiert, verfolgt und ausgelöscht. Doch immer wieder erwacht es von neuem. In der dritten Thesenreihe geht es um die Wiedererlangung eines gemeinsamen Symbolsystems, das in der Lage ist, weiblichen Zusammenhalt zu stärken.

Auf dieser Grundlage wird in einem vierten und letzten Thesenpapier noch einmal der Zusammenhang dargelegt, der zwischen dem patriarchalen Glaubensgebäude unserer Kultur und dem allenthalben beklagten Werteverfall auszumachen ist. In der vierten Thesenreihe geht es um die Entlarvung eines unethischen männlichen Gottesbildes, das zur höchsten ethischen Instanz erklärt wurde. Von ihm gilt es Abschied zu nehmen, da es weder Frauen noch Männern wirklich dient, sondern überall patriarchale Willkürmacht stärkt.

Nur wenn wir unsere Vergangenheit wirklich durchschaut haben, können wir uns auch von ihr lösen.

1. Weibliche Probleme mit einer patriarchalen »Ethik«

1. Die Krise, die viele Frauen in unserer Zeit erleben, stellt sich in ganz besonderer und doppelter Weise als eine Wertkrise dar.

2. Die weibliche Liebes-Ethik der Fürsorge, des Verzeihens und des Selbstverzichts wird Frauen dort zum Problem, wo sie einseitig Männern zugute kommt und nicht in den lebendigen Austausch zwischen den Geschlechtern eingebettet ist.

3. Männer haben diese Werte an Frauen delegiert und machen sie verantwortlich sowohl für die Pflege emotionaler und sozialer Werte als auch für das Gelingen zwischenmenschlicher Beziehungen.

4. Als »typisch weiblich« deklariert erfahren diese Werte – und mit ihnen die sie praktizierenden Frauen – eine Abwer-

tung. Der Mann als primärer Nutznießer der Liebes-Ethik von Frauen tritt gleichzeitig als deren Maßstab und Zensor auf. Er entscheidet über das »Zuwenig« und fordert mehr ein, als die Frau freiwillig zu geben bereit ist.

5. Da Frauen das Scheitern einer Beziehung aufgrund von Schuldzuweisungen als persönlichen Misserfolg zu werten gelernt haben, reagieren sie auf solches Misslingen häufig mit Schuld- und Minderwertigkeitsgefühlen, die sie nur wieder zu weitergehenden Zugeständnissen veranlassen. Da diese aber nicht ihrer Liebe, sondern männlichen Forderungen entspringen, wirken sie selbstentfremdend.

6. Die Folge ist eine Irritation des weiblichen Wertgefühls. An die Stelle einer relativ gesunden Selbsteinschätzung tritt bei vielen Frauen im Rahmen heterosexueller Beziehungen in zunehmendem Maße ein Gefühlskonstrukt, in dessen Rahmen die Bedeutung des Mannes für das Gelingen des Lebens der Frau völlig überbewertet wird.

7. Diese wie andere Formen der Selbstabwertung haben zur Folge, dass Frauen sich zwangsläufig an der Abwertung ihres eigenen Geschlechts beteiligen.

8. Frauen selbst profitieren nicht annähernd so viel wie Männer von den sozialen Leistungen ihres Geschlechts. Stattdessen machen diese sie von Männern abhängig und verhindern so weiblichen Zusammenhalt.

9. Das wesentlich höhere ethische Niveau, auf dem Frauen sich überwiegend bewegen, die moralische Überlegenheit ihrer Verhaltensmuster werden in ihrem leben- und kulturschaffenden und -erhaltenden Wert kaum wahrgenommen und schon gar nicht gesellschaftlich honoriert. Frauen beziehen keinen Bonus aus ihrer Form der Sozialleistung.

10. Übersehen wird auch, dass sie einen ungemein kostensparenden Faktor darstellen im Vergleich zur kostenintensi-

ven männlichen Kriminalität einschließlich anderer sozialschädigender Verhaltensweisen, die als typisch männlich gelten.

11. Gleichzeitig liefern weibliche Sozialleistungen aber auch jenen Kitt, der unser soziales und religiöses Gefüge zusammenhält und somit gleichzeitig zur Grundlage männlicher politischer und religiöser Macht wird.

12. Verweigern sich Frauen daher der eingeforderten Liebesethik und fordern stattdessen ihre Gleichberechtigung mit dem Mann ein, so fühlen sie sich seinem Wertsystem verpflichtet. Ähnlich wie er verzichten nun auch sie auf die Umsetzung weiblicher Sozialwerte und übernehmen männliche Verhaltensweisen. Auch in diesem Fall finden Entfremdungsprozesse statt. Es fehlt das Eigene; denn nun ist das Verhalten nicht einmal mehr in der weiblichen Tradition verankert.

13. Statt sich mit dem eigenen Geschlecht zu verbünden, stellen Frauen an Frauen – wie auch an sich selbst – weitaus höhere ethische Anforderungen als an den Mann. Auf diese Weise entsteht ein krasses Missverhältnis zwischen Geben und Empfangen, das Frauen im Vergleich zu Männern zu kurz kommen läßt.

14. Dabei haben sich Frauen an eine permanente emotionale Unterversorgung sowie an Verzichtleistungen gewöhnt. Dies umso mehr, als die Befriedigung ihrer Bedürfnisse das Wohlbefinden des Mannes stören könnte. Dabei aber kommen ihnen ihre wahren Bedürfnisse abhanden, so dass sie sie im Laufe ihres Lebens immer weniger zu benennen vermögen. Sie verlieren den Kontakt zu ihrer eigenen Wirklichkeit und kompensieren ihren Selbstverlust damit, dass sie sich aktiv oder passiv an die Wirklichkeit des Mannes klammern, sei es, dass sie für ihn leben, oder aber, dass sie ihn nachahmen.

15. In beiden Fällen ist es der Mann, der das Maß ihres Selbstausdrucks bestimmt und sie so zwingt, sich in dem von ihm gesetzten Maß zurückzunehmen und weit hinter ihren Entfaltungsmöglichkeiten zu verbleiben. So entwickeln sie nur jene Bereiche ihrer Psyche, die sich für Männer und ihr System als dienlich erweisen.

16. Frauen wurden von kirchlicher und politischer Männermacht als wertsetzende Instanz abgeschafft, so dass ausschließlich Männer die Normen und Werte bestimmten. Folglich fehlt es Frauen an einem eigenen Wertsystem, das nicht nur ihrem eigenen Sozialverhalten jenen Wert verleiht, der ihm zukommt, sondern auch der Stabilisierung weiblichen Zusammenhalts zu dienen vermag.

17. Auf diesem Hintergrund wird deutlich, wie dringend Frauen ein eigenes Wertgefüge brauchen,
- das ihre Wirklichkeit im Blick hat,
- das ihnen die Werte und Maßstäbe – aber auch deren Folgen – bewusstmacht, die ihrem Handeln zugrunde liegen,
- das sie stärkt und miteinander verbindet,
- das der gemeinsamen Interessenlage dient, aber auch individuellen Interessen Raum gibt,
- das es ihnen erleichtert, dort Grenzen zu setzen und sich zu entziehen, wo sie ausgebeutet werden,
- das sie in ihrem Widerstand gegen ethische Unzumutbarkeiten, Überforderungen und Selbstentfremdung unterstützt und ermutigt.

2. Paradigmenwechsel und neue Ethik

1. Der Ausgangspunkt einer neuen Ethik wäre jener Paradigmenwechsel, den Thomas Kuhn bereits vor Jahrzehnten gefordert hat. Er betrifft im Bereich von Theologie und

Ethik unsere Vorstellungen von Wirklichkeit und das dazugehörige Gottesbild.

2. Die feministische Theologie und Göttin-Bewegung hat einen solchen Paradigmenwechsel initiiert, indem sie die Frage nach der Göttin in die theologische Diskussion eingebracht hat und viele Frauen sich inzwischen dem individuellen und kollektiven religiösen Zwang entzogen haben. Dies geschah häufig aber nicht, indem sie die Idee des Göttlichen verwarfen, sondern indem sie ihre eigenen religiösen und spirituellen Erfahrungen und Bedürfnisse wieder entdeckten und mit ihnen eine neue Weltsicht.

3. Mit Hilfe der Erforschung der Werte matriarchaler Kulturen haben Frauen – und mit ihnen einige Männer – zusätzlich damit begonnen, das im Namen des HERRN vernichtete umfassendere Weltverständnis im Symbol der Großen Göttin wieder zu entdecken. Diese Entdeckung verändert Bewusstsein und mit ihm Werte und ihre Begründungszusammenhänge.

4. Nach dem hier beschriebenen Paradigmenwechsel leiten sich ethische Vorstellungen nun nicht mehr aus Normen und Ge- oder Verboten ab, sondern werden – wieder – in der Wirklichkeit des Lebens verankert. Alte Werte werden abgesetzt oder erhalten neue Dimensionen, neue Werte kommen hinzu.

(Beispiele: Treuebruch stellt sich anders dar, Wahrhaftigkeit ist mehr als die Abwesenheit von Lügen, Nächstenliebe fordert Selbstliebe und schließt diese nicht etwa aus.)

5. Das neue feministische oder matriarchale Denken kennt keinen männlichen Gott als wertsetzende Instanz. An seine Stelle tritt nunmehr jene innere und äußere Wirklichkeit selbst, die als »Göttin«, »Führerin des Alls«, »Sophia«, »Weisheit« oder auch als das »Tao« die Religionsgeschichte der Menschheit durchzieht. Sie ist die der Welt innewohnen-

de (immanente) Geistin, die uns in der Natur und damit auch in uns selbst begegnet, die jedoch im Patriarchat abgespalten, vermännlicht und schließlich zur absoluten Transzendenz jenseits von Kosmos und Mensch erklärt worden ist.

6. Das Bild der Göttin hat nicht die gleiche reduzierende Wirkung wie wir sie vom männlichen Gottesbild her kennen, da Weiblichkeit an sich – auf biologischer wie auch auf psycho-sozialer Ebene – umfassender und integrierender ist als Männlichkeit. Ein weibliches Symbolsystem kann daher niemals zu einer solchen Einseitigkeit führen wie es das männliche getan hat, weil darin Beziehungen wichtiger sind als Ausgrenzungen und folglich auch Raum bleibt für das Männliche.

7. Im matriarchalen Weltbild findet der Mann seinen Platz als integraler Bestandteil einer überwiegend weiblichen Symbolwelt. In ihr gilt es für Frau und Mann einen neuen Platz zu finden und den Status des Integriertseins in einen weiblichen Kontext anzuerkennen, wenn es zu einer umfassenden Erneuerung unseres Denkens und Wertens kommen soll. Das wird aber so lange nicht möglich sein, wie wir nicht den Wert des Weiblichen – jenseits patriarchaler Abwertungen und Setzungen – neu entdeckt und erfahren haben.

8. Weibliche Symbolisierungen des Göttlichen haben den Vorteil, dass sie auch mit der sozialen Realität übereinstimmen und folglich bewusstseinserweiternde Einflüsse haben könnten, ließe man sie fließen. Sie machen die Vielfalt und Bedeutsamkeit weiblicher Einstellungen, Wertsetzungen und Verhaltensweisen deutlich und lassen ihre biophilen, lebensfördernden Wirkungen klarer hervortreten.

9. Weibliche Symbolisierungen helfen Frauen nicht nur, ihre persönliche Situation aufzuarbeiten, sondern auch, sie zu

transzendieren, über sie hinauszuschreiten und in für sie neue Dimensionen des Erlebens und der Weltdeutung hineinzuwachsen. Sie lassen uns nicht nur zu einer typisch weiblichen Weltsicht zurückkehren, sondern eröffnen auch eine weibliche Ethik – und mit ihr eine Rückkehr zu eigenen Maßstäben.

10. Anders als der männliche Gott setzt die Göttin keine normativen Maßstäbe. Wer sie findet, findet das Leben. Wer an ihr vorübergeht, verletzt seine Seele, heißt es in einem biblisch-weisheitlichen Text.

11. Mit dem Verletzen der eigenen Seele aber wird eine Dimension angesprochen, die in der patriarchalen Ethik nicht auffindbar ist, da sie typisch weiblichen Werten entspricht und zeigt, wie sehr die Hinwendung zu weiblichen Symbolisierungen nicht nur in der Lage ist, weiblicher Entfremdung entgegenzuwirken, sondern auch unserer geistig-seelischen Bedürfnislage gerecht zu werden.

12. Schließlich geht es bei einer weiblichen Symbolisierung des Göttlichen nicht darum, die Menschen auf einen bestimmten Kult festzulegen. Vielmehr geht es hier für die Menschen um die Fülle des Lebens, um Glück, Zufriedenheit und Liebe auf der Grundlage eigener Fähigkeiten und Anstrengungen, Erkenntnisse und Bedürfnisse.

13. Symbolisch gesprochen ist die Göttin eine Personifizierung jenes Weiblichen, das im matriarchalen Weltbild verankert ist.

14. Mit der Heraufbeschwörung der Göttin-Symbolik beginnen Frauen, das matriarchale Bewusstsein in sich zu stärken und eine neue Lebenshaltung einzunehmen. Auf diese Weise tragen sie dazu bei, das patriarchale Seins- und Selbstverständlichkeitsgefüge aufzulösen und damit Spaltungs- und Entfremdungsprozessen entgegenzuwirken.

15. Mit der Rückbesinnung auf die innerweltliche Weisheit wird die von der Kirche vorgegebene Trennung zwischen sakralen (priesterlichen) Handlungen und den profanisierten (meist weiblichen) Handlungen des alltäglichen Lebens rückgängig gemacht. Dasselbe gilt für heilige Orte und Räume jenseits der ebenfalls profanisierten Natur, die Frauen für sich als Orte göttlicher Gegenwart entdecken.

16. Mit der Aufhebung kirchlicher Spaltungen der Wirklichkeit wird auch das Ausmaß an Sakralisierung und Mystifizierung männlicher Macht entlarvt und damit punktuell abgebaut. (Dass dieser Prozess auch von patriarchalen Männern vorangetrieben wird, aber dort lediglich eine Verlagerung männlicher Macht und Gewaltanmaßung zur Folge hat, soll hier nicht übersehen werden.)

17. Im Rahmen des neuen ganzheitlichen Weltbildes beginnen wir, zwei grundsätzliche Lügen zu durchschauen:
- die kirchlich-theologische Lüge, die uns weismacht, der ethische Bankrott habe seinen Ursprung in dem Grunddilemma menschlichen Ungehorsams gegenüber dem biblischen Gott,
- und die Wissenschaftslüge, die von »wertneutralen« Freiräumen ausgeht, um so die männlichen Machtspiele auf wissenschaftlicher Ebene ungehindert fortführen zu können.

18. Durch die Verehrung eines männlichen Gottes – und mit ihm des männlichen Geistes – wurden Frauen wertvolle Lebensenergien abgezogen, die ihnen im Rahmen eines weiblichen Weltbildes wieder zufließen und für ein sinnvolles und selbstbestimmtes Leben zur Verfügung stehen.

19. Im Bild der Göttin wächst weiblicher Mut, das patriarchale Bewusstsein mit einem eigenständigen weiblichen Gegenbild zu konfrontieren und so dem männlichen Herrschaftsanspruch die Legitimationsgrundlage zu nehmen.

20. So erleben wir unsere Wirklichkeit aus der Perspektive weisheitlichen Anspruchs, der jenseits der Normen an uns ergeht, die im Rahmen unserer Lebensbedingungen gelten.

21. *Vernehmen* wir dieses Angesprochenwerden durch die lebendige Wirklichkeit, so sind wir *vernünftig;* denn *Vernunft* bedeutet ursprünglich nichts anderes als die Fähigkeit zum *Vernehmen* der Weisheit des Lebens.

22. Die Art und Weise unseres Antwortens auf den an uns gestellten Anspruch begründet unsere Ver-Antwort-ung gegenüber uns selbst und dem Leben. Ein weibliches Wertesystem beziehungsweise eine feministische oder matriarchale Ethik aber könnten uns helfen, diesen Anspruch zu vernehmen, ihn zu verstehen und darauf mit einem entsprechenden Verhalten zu antworten.

3. Thesen zur Annäherung an die revolutionäre Kraft der Göttin

1. Spätestens seit Feuerbach wissen wir, dass sich die gängige Rede von »Gott dem HERRN« auf der Grundlage einer Projektion vollzieht und Ausdruck einer männlich-patriarchalen »Bedürfnistheologie« ist. Frauen tun folglich gut daran, nicht nur alle theologischen Aussagen über »Gott« mit der Frage zu konfrontieren, wessen Bedürfnissen sie dienen, sondern gleichzeitig dafür Sorge zu tragen, dass ihre eigenen religiösen und *thea*logischen Bedürfnisse in der religiösen Sprache und Symbolik nicht zu kurz kommen.

2. Andererseits ist die vielfach vollzogene und als »emanzipatorisch« ausgegebene radikale Absage an Religion und Spiritualität weniger Ausdruck eines progressiven als viel-

mehr eines linearen, in gleicher Weise patriarchalen Denkens. Sie unterschätzt die Macht, die gerade die Religion über das Unbewusste von Frauen ausübt, weil religiöse Bedürfnisse nicht von rationaler Zustimmung abhängig sind.

3. Die Abschaffung der Religion schafft lediglich ein seelisches Vakuum, durch das verhindert wird, dass Frauen sich mit den Wurzeln ihrer Unterdrückung – der patriarchalen Religion – in angemessener Weise auseinandersetzen. Radikale Befreiung gibt es für uns aber nur, wenn wir bis zu den Wurzeln (= radix = radikal) unserer Unterdrückung vordringen – und die sind nun einmal religiöser Natur.

4. So können Frauen es sich nicht länger leisten, die Religion weiterhin in den Händen der »Väter« zu belassen. An dieser Stelle müssen sich jene, die behaupten, Kirche und Religion längst den Rücken gekehrt zu haben, fragen lassen, ob sie die wahre Macht der Religion – unabhängig von Konfession und Kirche – richtig einschätzen.

5. Wenn Frauen die Alternative »ein männlicher Gott oder gar keiner« ablehnen, entlarven sie das patriarchale Religionsverständnis, den jüdisch-christlichen Monotheismus, als männliche Anmaßung und entziehen so der Männerkirche das Religionsmonopol, mit dessen Hilfe zwei Jahrtausende hindurch eine perfide Macht über die Seelen der Menschen – insbesondere der Frauen – ausgeübt wurde.

6. Die Frage nach der Göttin aber ermuntert Frauen, die Gewohnheit des Nachbetens abzulegen und zum Subjekt ihres Glaubens zu werden. Sie macht ihnen bewusst, dass sie sich nie wirklich für den christlichen Monotheismus, den männlichen Ein-Gott-Glauben entschieden haben, da sie nie wirklich wählen konnten, ob sie an einen Gott oder an eine Göttin, an beide oder keines von beiden glauben wollten.

7. An vielen Ausgrabungsorten hat sich gezeigt: Je tiefer gegraben wird, desto mehr erfahren wir über die Göttin und ihr sich wandelndes stummes Erscheinungsbild. Wer die gefundenen Gegenstände jedoch zum Sprechen bringen will, bedarf des Göttinnen-Mythos, denn was auf der gegenständlichen Ebene die Archäologie, das ist auf geistiger Ebene die Mythologie. Beide Disziplinen sind in der Lage, uns die Omnipräsenz, die Allgegenwart der Göttin zu vermitteln.

8. Wie Mythen und archäologische Funde erkennen lassen, wurde ursprünglich allein die Göttin verehrt als jene, die das Leben in zweigeschlechtlicher Form gebiert. Die Göttin als symbolische Darstellung des weiblichen schöpferischen Prinzips wurde als Schöpferin und Herrin des Lebens und des Todes erfahren. Sie ist also ein wichtiger Bestandteil der geistigen Evolution der Menschheit.

9. Die Vorstellung von einem göttlich-weiblichen, urschöpferischen Prinzip hat einen wesentlich höheren Realitätsgehalt als jene vom männlichen Schöpfergott. Denn wie Humangenetik und Anthropologie heute erkennen lassen, kommt dem weiblichen Prinzip in der Tat eine primärschöpferische Aufgabe zu, da es dem männlichen immer voraufgeht.

10. Auch in anderer Hinsicht verhilft uns das Bild der Göttin zu einem erweiterten Verständnis von Wirklichkeit. Um archäologische Funde – und damit meine ich zahllose Figuren von Göttinnen – besser verstehen zu können, bedarf es einer Auseinandersetzung mit Göttinnen-Mythen. Sie sind in der Lage, ihr sich wandelndes stummes Erscheinungsbild zum Sprechen zu bringen. Beide – Mythen und archäologische Funde – vermitteln uns die Allgegenwart der Göttin.

11. Archäologische Funde, Mythen und Märchen fungieren so gleichermaßen als geistige »Orte«, an denen die Göttin

»versteckt«, die Erinnerung an sie bewahrt wurde. Nur wenn wir sie dort suchen, können wir sie dort auch finden.

12. Mit unserer Rückbesinnung auf weibliche Transzendenz gewinnen Märchen und Mythen für uns dann wieder neu an Bedeutung, wenn sie sich als subversiv herausstellen.

13. Die patriarchale Theologie hat uns gelehrt, dass eine Göttin ungeeignet ist zur Thematisierung göttlichen Handelns und daher bekämpft werden musste. Für Frauen eignet sich aber gerade das Bild der Göttin zur Thematisierung göttlichen Handelns und weiblicher Ganzheitlichkeit hervorragend, da es verletzte Seelenanteile sowie ihre Heilungsbedürftigkeit sichtbar macht und folglich als heilbringend betrachtet werden muss. Nach jahrtausendelanger Unterdrückung und Diffamierung weiblicher Kräfte bedarf es nunmehr ihrer positiven symbolischen Darstellung.

14. Inzwischen wissen wir, dass der Göttin-Kult eine der ältesten und am längsten praktizierten Religionen der Antike gewesen ist. Wie biblische Aussagen zeigen, stellt er neben dem patriarchalen Weltbild auch das männlich-patriarchale Selbstverständnis und Sozialgefüge in Frage (vgl. Jeremia 44,16–19).

15. Auf diese Weise erhält das Bild der Göttin auch eine politische Funktion, die für viele Frauen immer mehr an Bedeutung gewinnt. Es gibt uns den Mut, das patriarchale Weltbild mit einem eigenständigen weiblichen Gegenbild zu konfrontieren. Es entzieht dem männlichen Herrschaftsanspruch die Legitimationsgrundlage und löst das patriarchale Weltbild auf. Vorstellungsbilder der Göttin beflügeln die Kreativität von Frauen und machen Mut zur Veränderung patriarchaler Lebensverhältnisse.

16. Mit dem Bild der Göttin übernehmen Frauen Verantwortung für ihre Vorstellungen von Transzendenz und ho-

len sich jene Macht zurück, die in diesen Vorstellungen und Bildern enthalten ist. Damit verhindern sie, dass die wie alte Kleider abgelegten Symbolsysteme Leerstellen in der Seele hinterlassen und sich mit weniger frauenorientierten Inhalten füllen.

17. Bilder weiblicher Transzendenz haben auch nicht die gleiche reduzierende Wirkung auf das Selbstverständnis von Frauen, wie wir sie von männlichen Gottesbildern her kennen, da Weiblichkeit an sich – auf biologischer wie auch auf psychologischer Ebene – umfassender und integrierender ist als Männlichkeit. Ein weibliches Symbolsystem kann daher niemals zu einer solchen Einseitigkeit führen wie es das männliche getan hat, weil darin Beziehungen wichtiger sind als Ausgrenzungen und folglich auch Raum für das Männliche erhalten bleibt.

18. Durch ihre Beschäftigung mit der Göttin stoßen Frauen auf die Frage nach dem Wert, den Kultur und Gesellschaft weiblichen und männlichen Tätigkeitsbereichen beimisst. Immerhin gilt ja das Göttliche ganz generell als der höchste Wert einer Kultur. Dieser aber ist in unserer Religion eindeutig männlich besetzt. Folglich gilt bis heute alles, was Männer denken, sagen, schreiben und tun, als wertvoller und bedeutsamer als entsprechende Beiträge von Frauen.

19. Im Weltbild der Göttin wird die Verunglimpfung des weiblichen Körpers wie auch der Natur zurückgenommen. Für viele Frauen bedeutet das einen ungeheuren Lernschritt, weil sie Schwierigkeiten haben, ihren Körper als etwas Positives, wenn nicht gar Heiliges anzunehmen. Ohne eine leibliche Selbstannahme aber gibt es keinen Weg zu uns selbst und zu unseren eigenen Maßstäben.

20. Das gilt auch für andere Dimensionen, die im patriarchalen Weltbild eine Abwertung erfahren:

– die weibliche Macht,
– die Bejahung eines weiblichen Willens sowie
– die Verbundenheit zwischen Frauen und
– die Anerkennung eines weiblichen Erbes.

21. Im Bild der Göttin tritt uns weibliche Macht auf eine Weise entgegen, wie wir sie zuvor nie erlebt haben. So wirkt ihr Bild unserer Tendenz entgegen, weibliche Macht auf das zu reduzieren, was wir in dieser Hinsicht mit unseren eigenen Müttern und anderen Frauen erlebt haben. Auf diese Weise helfen uns Bilder der Göttin, unser persönliches Erleben nicht nur aufzuarbeiten, sondern es auch zu transzendieren, das heißt, über es hinauszuschreiten.

22. Auf diese Weise erhält das Bild der Göttin auch eine politische Dimension. Das hat insbesondere Gerda Weiler aufgezeigt mit ihrem Buch »Ich brauche die Göttin«: »Sie gibt mir den Mut, das patriarchale Bewusstsein mit einem eigenständigen weiblichen Gegenbild zu konfrontieren. Sie entzieht dem männlichen Herrschaftsanspruch die Legitimationsgrundlage und relativiert das patriarchale Weltbild. Sie beflügelt die Kreativität von Frauen, macht Mut zur Einmischung in die Patriarchatskultur, gibt ihnen die Kraft, das einseitig männliche Weltbild zu transformieren.«[1]

23. Auf solche Weise wird das Bild der Göttin zum auslösenden Moment für das Gewahrwerden eigener Potentiale, eigener Liebes- und Erkenntnisfähigkeit. »Ich fand Gott in mir und liebte sie heftig«, schrieb Ntosake Shannges am Ende ihres erfolgreichen Broadway-Stücks »For Colored Girls Who Have Considered Suicide When the Rainbow is Enuf« (Für farbige Mädchen, die Selbstmord erwogen haben, wenn der Regenbogen genug ist).[2] Eine enorme Veränderung im Vergleich zum traditionellen Christentum, in dem nur Mann und Kinder die Liebesgefühle einer Frau beanspruchen durften.

24. Carol Christ beschreibt die Göttin als »Symbol des Lebens, Todes und der Wiedergeburtsenergien in Natur und Kultur, in persönlichem und gemeinschaftlichem Leben«.[3] Gleichzeitig ist die Göttin aber auch »Symbol der Bejahung der Legitimität und Schönheit weiblicher Macht«, ermöglicht durch die neue Seinswerdung von Frauen im Zuge ihrer äußeren und inneren Befreiung. So wird die Göttin zum Symbol einer Haltung, die das Leben liebt und weder das Setzen von Grenzen noch den Tod ausschließt.

25. Die Frage nach der Göttin bringt somit die tiefsten Schichten unserer Unterdrückung ans Tageslicht und zeigt uns zugleich, wie vielschichtig sich unsere Emanzipation gestalten muss, um auch eine seelische Tiefenbefreiung bewirken zu können.

26. Die Forderung, Gottes- oder Göttin-Bilder ganz abzuschaffen oder auf ihre geschlechtliche Neutralisierung hinzuwirken, zeugt von Unredlichkeit oder Ignoranz. Auch nicht-personale Bilder wie Licht, Quelle, Wind und Dunkelheit, Gras und Ufer, mit deren Hilfe versucht wird, Abschied zu nehmen vom patriarchalen Männergott, sind keine Lösung des Problems. Mit solchen Bildern würde lediglich die Unterbewertung des Weiblichen unsichtbar gemacht. Die Geschlechterdifferenz muss auf religiöser Ebene thematisiert werden, damit traditionelle Ansätze überwunden und neue Sichtweisen gefunden werden können. Genau das wird versäumt, wenn es jetzt heißt: »Herr, deine Liebe ist wie Gras und Ufer ...« Hier wird nicht das männliche Gottesbild abgeschafft, sondern lediglich in Richtung Naturbilder erweitert.

27. Anthropomorphe Bilder lassen sich wohl auf der Ebene des Bewusstseins abschaffen, im Unbewussten aber wohl kaum. Auch werden sie nach wie vor in der religiösen Erziehung verwendet und benötigt.

28. Solange aber personale Bilder des Göttlichen existieren, sind auch Bilder der Göttin sinnvoll und unverzichtbar. Gerade nach einer jahrtausendelangen Unterdrückung und Diffamierung weiblicher Kräfte bedarf es ihrer positiven symbolischen Darstellung. Nur mit ihrer Hilfe kann der weibliche Anteil an der Dimension des Göttlichen erfahrbar und sichtbar gemacht werden.

29. »Ich brauche die Erinnerung an die Göttin«, schreibt Gerda Weiler. »Ob wir Frauen eine Vergangenheit haben, unsere Geschichte und matriarchale Religion wiederentdecken, beeinflusst unser Selbstbewusstsein, unsere Befindlichkeit in dieser Welt hier und heute. Welche Schöpfungsmythen wollen wir unseren heranwachsenden Töchtern erzählen, wenn wir die Göttin des Ursprungs vergessen? Wie wollen wir die integrierende Kraft der Liebe wiederentdecken ohne die Erinnerung an die Göttin?«[4]

4. Grundsätzliche Gedanken zur Entlarvung des patriarchalen Wertesystems

1. Hinter dem heutigen Reden über Werte, Ethik und Moral steht der vielfach beklagte Werteverfall. Dabei wird regelmäßig und lautstark moralisch einwandfreies Verhalten eingefordert, ohne dessen Bedingungen zu nennen und die Ursachen seines Fehlens zu untersuchen. Auffallendstes Beispiel: die Kirchen und ihnen nahestehende Politiker mit ihren Sonntagsreden und -appellen.

Genauere Analysen könnten zeigen, dass jene Männer, die den Werteverfall am lautesten beklagen, die vehementesten Vertreter jener Tradition sind, die ihn verursacht hat.

2. Die Wurzeln des Werteverfalls liegen nämlich weder in der sogenannten »Erbsünde« aufgrund menschlichen Ungehorsams gegenüber Gott noch in einem kollektiven Abfall vom jüdisch-christlichen Glauben begründet – wie vielfach behauptet –, sondern in diesem Glauben selbst.

3. Genauer gesagt: Der ethische Bankrott, der spätestens mit dem Nazi- und Stalinterror, eigentlich aber bereits mit den neuzeitlichen Frauenverbrennungen offenkundig wurde, hat seine Wurzeln in der Vorstellung von einem Gott, der seinen ersten Kontakt zum Menschen dazu missbraucht, ihm die Erkenntnis von Gut und Böse zu verbieten, und ihm damit die ethischen Grundlagen einschließlich der Möglichkeit eines eigenständigen Lebens raubt. Der beklagte Werteverfall wäre demnach eine zwangsläufige Folge des erkenntnisverbietenden Gottes, der den Menschen gleich zu Beginn seines Auftretens vor die Alternative stellt: Gehorsam oder Tod.

4. Das Verhalten dieses Gottes wäre folglich der Schlüssel für den Zusammenbruch der Moral. Denn neben sein Verbot zur eigenen Erkenntnis von Gut und Böse, das im Mittelpunkt des Eva-Mythos steht, tritt das Verbot der Religionsfreiheit.

Mit dem Auftreten des Mose und anderer Propheten als Verkünder eines eifersüchtigen und absolutistischen Gottes wurden die Menschen von ihren religiösen Bedürfnissen entfremdet. Unter Androhung und Vollzug der Todesstrafe wurde ihnen ein fremder Glaube mit einem dazugehörigen moralischen System aufgezwungen: Religiöse Verehrung durfte nicht länger einem inneren Bedürfnis entspringen, sondern wurde als religiöse Pflicht von außen erzwungen. Dazu beanspruchten die Repräsentanten des HERRN ein Gewaltmonopol zwecks Einschüchterung der Menschen. Diese wurden vor die Entscheidung gestellt, dem bislang unbekannten Gott Jahwe zu dienen oder zu sterben. Wieder lautet die Devise: Gehorsam oder Tod.

5. Der Gott aber, der als HERR den Mord legitimiert und den Menschen die eigene Erkenntnis von Gut und Böse verbietet, galt fortan als ethische Instanz, als Repräsentant des höchsten Wertes und als Verfechter des nunmehr geltenden »Guten«. Sein Motto: Wer ihn verehrt, darf leben, wer ihn lästert, soll sterben (3. Mose 24,16).

6. Da uns ein Gottesbild Auskunft gibt über die in einer Kultur verankerten Werte, muss die Auseinandersetzung mit diesem Gottesbild zu einem unverzichtbaren Teil jeglicher Ethik werden, wenn sie nicht nur der Systemstabilisierung dienen soll. Schließlich ist ihre Aufgabe das Nachdenken über Grundwerte und rechtes Verhalten zum Wohle des Individuums, der Gesellschaft und der Natur – wobei letztere häufig zu kurz kommt. Ein Teil dieses Nachdenkens muss aber auch den Bedingungen und Konsequenzen von Grundwerten gelten, über die traditionelles Denken bislang hinweggesehen hat.

7. Die Umsetzbarkeit einer Ethik hängt vornehmlich davon ab, wie die Bedürfnisse, Fähigkeiten und Bedingungen von Mensch, Gesellschaft und Natur wahrgenommen und gedeutet werden. Mit anderen Worten: vom Zugang zur und vom Umgang mit der Wirklichkeit.

8. Da die Wirklichkeit von Mensch, Gesellschaft und Natur jedoch auf der Existenz zweier Geschlechter gründet, ist der Wirklichkeitsbezug wertsetzender Instanzen – und damit das Recht, Wertvorgaben zu machen – so lange als zweifelhaft anzusehen, wie

a) ein ausschließlich männlicher Gott als Schöpfer und Erhalter des Lebens postuliert wird,
b) solange der Name eines göttlichen Vaters im Himmel geheiligt werden soll, während gleichzeitig ganz selbstverständlich davon ausgegangen wird, dass es eine »Mutter im Himmel« nicht gibt, deren Name zu heiligen wäre,

c) die Forderung nach *ihrer* Verehrung stattdessen als »illegitim«, »regressiv« und »heidnisch« abgetan wird.

9. Mit der Reduzierung und gleichzeitigen Verabsolutierung des Göttlichen auf männliche Vorstellungen vollzog sich eine Trennung von Wirklichkeit und Göttlichkeit, durch die der Wirklichkeitsbezug des Menschen zutiefst gestört – wenn nicht gar zerstört – wurde.

Das zeigt sich darin, dass einerseits ein Gottvater im Himmel postuliert und mit den Attributen: fürsorgend, liebend, vergebend, barmherzig und treu versehen wird, andererseits aber sozio-kulturelle Anforderungen die Entwicklung genau dieser Eigenschaften bei irdischen Vätern verhindern. Stattdessen werden sie einseitig von Müttern eingefordert, aber gleichzeitig verhindert, dass sich weibliche Transzendenz im Bild des Göttlichen verankert.

10. Hier wird ein Realitätsverlust sichtbar, der sich zum einen in der ausschließlichen Rede von einem göttlichen Vater unter Ausschluss der göttlichen Mutter zeigt, obwohl ein Vater ohne eine Mutter ein Widerspruch in sich ist. (Umgekehrt, so lehrt die Vaterreligion, soll es jedoch schon mal vorgekommen sein ...)

11. Der Realitätsverlust zeigt sich aber auch dort, wo das monotheistisch-männliche Gottesbild zur Höchstform geistigen Fortschritts erklärt wurde und wird. Auf diese Weise wird die Wirklichkeit und ihre Wahrnehmung auf eine männliche Perspektive eingeschränkt und diese zu *dem* grundlegenden, alleingültigen und wertesetzenden Maßstab erhoben.

12. Der auch hieraus folgende Realitätsverlust nimmt absurde Züge an, wenn Kinder lernen, die Mutter – und mit ihr weibliche Schöpfungskraft – sei im Himmel verzichtbar, obwohl sie auf Erden als unentbehrlich und allgegenwärtig erfahren wird, während der Vater im Himmel als allgegenwär-

tig und allmächtig verkündet, seine Abwesenheit auf Erden in einer »vaterlosen Gesellschaft« jedoch als unumgänglich akzeptiert wird. Gleichzeitig wird zudem gefordert oder hingenommen, dass irdische Männlichkeit eher im Töten als im Lieben ihre Bestätigung und Anerkennung findet.

13. Eine lebensdienliche Ethik kann so lange nicht zustande kommen, wie weiblichen Tätigkeiten und Verhaltensweisen ebenso wie der Natur ihre Werte dadurch aberkannt werden, dass Weiblichkeit und Natur keine Repräsentanz im Göttlichen finden und auf diese Weise die realen Wertigkeiten völlig auf den Kopf gestellt werden.

Fest steht, dass die Menschen auf einen göttlichen HERRN durchaus verzichten können, nicht jedoch auf die Dienstleistungen von Frauen und Mutter Erde.

14. Auf dem Hintergrund des Gesagten diskreditiert sich das jüdisch-christliche Gottesbild aus ethischer Perspektive aufgrund folgender Eigenschaften und Verhaltensweisen, denen weder der Wert des Guten noch der Wert des Vorbildcharakters, wohl aber eine faschistoide Haltung innewohnt:

a) das Verbot der Erkenntnis von Gut und Böse,
b) die Aufforderung, sich die Erde untertan zu machen,
c) die Legitimierung der Herrschaft des Mannes über die Frau,
d) die Unterbindung der Religionsfreiheit,
e) der Aufruf zu vielfältigem Morden bei Nicht-Anerkennung des »göttlichen« Macht- und Alleinvertretungsanspruchs,
f) ein als das *Absolute* ausgegebene, in Wirklichkeit jedoch auf Männlichkeit eingeschränkte Gottesbild, das die Perspektive von Frauen und Kindern ausschaltet und zudem auch noch *unbedingten Gehorsam* verlangt,
g) die Verpflichtung auf den Gehorsam gegenüber männlichen Autoritäten statt auf das Hinhören auf die Bedürfnisse des Lebens.

15. Aufgrund solcher Setzungen kann die Wirklichkeit als ganze nicht mehr wirken und die Wahrheit nicht mehr als *eine* wahrgenommen werden. Es entstanden vom Leben abgetrennte Werte und Bewusstseinsideale, die sich weder an unserer psycho-sozialen noch an der natürlichen Wirklichkeit orientieren. Stattdessen wurden ihnen Wahrheit und Wirklichkeit angepasst. Auch gegen die Lebenswirklichkeit der Menschen, gegen ihre Interessen und Bedürfnisse konnte auf dieser Grundlage das abstrakte Gute und Böse als »Gesetz« gesetzt und durchgesetzt werden.

16. Damit aber gingen die lebenstiftenden Grundlagen ethischer Muster verloren, die einst den Umgang mit lebendiger Wirklichkeit regulierten. Und mit ihnen jenes Bündnis zwischen äußerer und innerer Wirklichkeit und Wahrheit, das sich in der Vorstellungswelt vom Göttlichen und Heiligen einst widerspiegelte (z. B. als Naturkraft).

17. Ethik als Sitte einer Sippe oder eines Volkes, als Antwort einer Gruppe auf die von ihr verarbeitete Wirklichkeit, verkam zu einem bloßen Restprodukt von Moral und Normen. Sie sind ein Produkt der Spaltung eines Ursprünglichen, das einst Göttlichkeit an Wirklichkeit band. Losgelöst von der Wirklichkeit des Menschen und der Natur wurden Ethik und Moral immer einseitiger an männliche Bedürfnisse und Herrschaftsmacht gebunden (Beichtspiegel als Gewissenserziehung).

18. Mit dem Abbau wertsetzender Macht ging auch die letzte Verbindlichkeit ethischer Forderungen verloren, zumal diese ihre Einsichtigkeit schon vorher eingebüßt hatten.

19. Die Folge dieses Niedergangs ethischer Verbindlichkeit ist die vielbeklagte Orientierungslosigkeit. Ihr wiederum entspringt das Bedürfnis nach autoritären Strukturen. Wie das erschreckende weltweite Anwachsen des Fundamentalismus jedoch zeigt, vermag der männlich-patriarchale Gott

dies Bedürfnis offensichtlich noch am besten zu befriedigen – und zu erhalten.

20. Solange aber die lebensfernen Strukturen und Gottesvorstellungen aufgrund ihres Absolutheitsanspruches nicht in Frage gestellt werden, können ihre Repräsentanten den Bankrott der Moral in ein bloßes »moralisches Versagen des Menschen« oder auch in eine auf die Frau zurückgehende »Erbsünde« ummünzen und damit die wahren Hintergründe verschleiern.

21. Erhalten und erkennbar bleibt dabei aber dennoch der Zusammenhang zwischen dem Verbot der Erkenntnis von Gut und Böse und dem (»Sünden«-)Fall in patriarchale Machtstrukturen.

22. Da die eigene Erkenntnis von Gut und Böse als Treuebruch gegenüber dem patriarchalen Gott gewertet wurde, verselbständigte sich dieser »Ungehorsam« zum schlechthin »Bösen«. Ihm wurde der Gehorsam – und damit der Verzicht auf ethisches Erkennen – als das »Gute« gegenübergestellt. Aus den Prädikaten »gut« und »böse« wurden Substantive, mit deren Hilfe von jenen Handlungen und Verhaltensweisen abstrahiert werden konnte, die einst mit Hilfe dieser Prädikate bewertet wurden. (*Beispiel:* Sexualität wurde ganz allgemein dem Bösen zugerechnet, so dass nun nicht mehr zwischen böser, missbrauchender und guter, beidseitiger Liebe entspringender Sexualität unterschieden werden konnte.) Differenzierte Werturteile wurden so verunmöglicht.

23. Seit der Moderne entwickelt sich eine zunehmende und fatale Kluft: Auf der einen Seite erleben wir eine ständige Verstärkung und Ausdifferenzierung menschlicher (insbesondere männlicher) Fähigkeiten auf wissenschaftlich-technischem Gebiet. Auf der anderen Seite aber fehlt eine ebenso differenzierte Erziehung zu psychologischer, moralischer

und damit auch politischer Kompetenz. Das Niveau der geistig-seelischen Verarbeitung unserer Wirklichkeit entspricht in keiner Weise den wissenschaftlich-technischen Möglichkeiten, so dass sich die bereits vorhandene Orientierungslosigkeit noch weiter verschärft.

24. Heute mangelt es ganz allgemein an der Fähigkeit, jene Kräfte und Werte zu reflektieren, denen Werk und Handeln der Menschen in Wirklichkeit dienen.

25. Mit anderen Worten: Auch dort, wo der Erkenntnis verbietende Gott abgeschafft wurde, blieb sein Verbot erhalten und es fehlt an Erkenntnis von Gut und Böse auf der Grundlage ganzheitlicher Wirklichkeitswahrnehmung und folglich auch an Mitsprachemöglichkeiten und -forderungen bei sozialen, wissenschaftlichen oder anderen politischen Entscheidungen.

26. *1. Fazit:*
- Das Verbot der Erkenntnis von Gut und Böse entzieht jedweder Ethik den Boden.
- Die Diffamierung der Selbstliebe entzieht der Nächstenliebe den Boden.
- Die Leugnung der Muttergöttin entzieht dem Vatergott den Boden.
- Die Zerstörung der Mutter Erde entzieht dem Menschen den Boden.

2. Fazit:
- Der Mensch wird nicht zugrunde gehen, weil er dem HERRN nicht gehorchte, sondern weil er es tat.
- Die wahre Alternative lautete demnach nicht: Gehorsam oder Tod, sondern – wie unsere Vergangenheit bestätigt –: Tod aufgrund von Gehorsam.

Warum Frauen die Göttin brauchen

Geistesgeschichtliche Hintergründe der christlichen Göttin-Bewegung

Die aus verdrängten Tiefen des kulturellen und individuellen Unbewußten wieder aufsteigende Göttin lässt sich weder von dem Etikett »christlich« abschrecken noch macht sie Halt vor den kirchlichen Institutionen. Unmerklich – das heißt von Kirchenmännern unbemerkt – hat sie sich längst eingeschlichen in die dicken Kirchenmauern und »transzendiert« im wahrsten Sinne des Wortes die von Männern fein säuberlich getrennten und abgespaltenen Bereiche des Religiösen. Aber wurden nicht die integrativen Kräfte schon immer als weiblich empfunden?

Zur Fragwürdigkeit des männlich-patriarchalen Gottesbildes

Frauen sind die hauptsächlichen Trägerinnen der christlichen Religion – und gleichzeitig die Betrogenen. Doch sie merken es zunehmend und nehmen ihre Religionsmündigkeit in Anspruch, indem sie aufhören nachzubeten, was Kirchenmänner ihnen erzählen. Stattdessen verlegen sie sich aufs Nachdenken und kommen dabei zu eigenen Ergebnissen, die sich seit den siebziger Jahren in der Bildung einer Göttin-Bewegung niedergeschlagen haben.

Der erste Schritt in die Religionsmündigkeit besteht für viele Frauen darin, dass sie zu fragen beginnen. Dabei stoßen sie auf all jene Fragwürdigkeiten, die aus männlich-patriarchaler Sicht nicht zu existieren scheinen.

Einige dieser Fragen habe ich auf der Grundlage unserer kulturellen Gegebenheit zu formulieren versucht.

1. Frage:
Welche Folgen hat es für eine Gesellschaft, wenn im christlichen Kulturkreis Frauen und Männer mit dem größten Selbstverständnis Sonntag für Sonntag in Kirchen und Gemeinden beten: »Unser Vater, der du bist im Himmel; geheiligt werde dein Name...«, während gleichzeitig ganz selbstverständlich davon ausgegangen wird, dass es eine »Mutter im Himmel« nicht gibt, deren Name zu heiligen wäre?

2. Frage:
Welche Folgen hat es für die geistige Entwicklung einer Kultur, wenn die kultische Verehrung eines göttlichen Vaters als legitim, progressiv und heilig angesehen wird, die Verehrung einer göttlichen Mutter dagegen als »illegitim«, »regressiv« und »heidnisch«?

3. Frage:
Welche Bedeutung ist den Vertretern einer Religion zuzusprechen, die wohl einen Gottvater im Himmel kennen, der als fürsorgend, liebend, vergebend, barmherzig und treu beschrieben wird, die aber keine Anklage erheben gegen Väter auf Erden, die sich vor der Versorgung ihrer Kinder drücken, sie lieblos und brutal behandeln, sexuelle Gewalt gegen sie und ihre Ehefrauen ausüben und gar nicht daran denken, ihren Schuldanteil an den zwischenmenschlichen und globalen Schwierigkeiten und Krisen einzugestehen?

4. Frage:
Was erfahren wir über die Redlichkeit einer Kultur, wenn der liebende Vater im Himmel als allgegenwärtig und allmächtig beschrieben wird, während der liebende Vater auf Erden durch Abwesenheit glänzt und männliche Identität eher im Töten als im Lieben Bestätigung findet?

5. Frage:
Welche Folgen hat es für den Realitätssinn einer Kultur, wenn die Menschen lernen, die Mutter – und mit ihr weibliche Schöpfungskraft – sei im Himmel verzichtbar, obwohl sie auf Erden als unentbehrlich und gegenwärtig erfahren wird, während der Vater im Himmel als allgegenwärtig erlebt, seine Abwesenheit auf Erden aber als unumgänglich akzeptiert wird?

6. Frage:
Welche Folgen hat es für die natürlichen Grundlagen einer Kultur, wenn ein göttlicher Vater, der geheiligt werden soll, das männliche Geschlecht mit naturausbeuterischer und umweltzerstörerischer Macht ausstattet und gleichzeitig verhindert, dass Mutter Erde und ihre Schöpfung geheiligt werden?

7. Frage:
An dieser Stelle müssen sich jene, die an einem HERRN und Vatergott festhalten und gleichzeitig den Glauben an die Göttin verketzern, die Frage nach dem Realitätsbezug ihrer Gotteslehre gefallen lassen. Mit welchem Recht und auf welcher Grundlage besetzen sie die Dimension des Göttlichen einseitig männlich und ignorieren damit den Wert des Weiblichen für die menschliche Gemeinschaft und Gesellschaft? Wie kommen sie dazu, die reale Wertigkeit der Geschlechter dermaßen auf den Kopf zu stellen?

Auf jeden Fall zeigen die Ungereimtheiten männlichen Theologisierens, dass Frauen gut daran tun, ihren religiösen Glauben selbst in die Hand zu nehmen und sich nicht länger vorschreiben zu lassen,

- was sie zu glauben haben,
- was als »christlich« zu definieren ist und
- was als »göttlich« zu gelten hat und was nicht.

Die Göttin-Bewegung als logische Konsequenz eines fehlgeleiteten männlichen Denkens

Die Göttin-Bewegung ist eine konsequente Reaktion auf die hier aufgeworfenen (In-)Fragestellungen. Mit ihr taucht das einst mit brutaler Gewalt bekämpfte und verdrängte Bild der Großen Göttin erneut auf.

Eine solche Entwicklung hat nichts mit einem »Rückfall in primitives Heidentum« zu tun, wie kritische Stimmen – auch feministischer und befreiungstheologischer Couleur[1] – behaupten. Schließlich wurde die Göttin ja nicht etwa verdrängt, weil der Glaube an sie kulturhemmende Wirkungen hatte, sondern weil ihr Bild männlichen – weltzerstörerischen – Allmachtsphantasien im Wege war.

Auch von einer psychischen Regression kann in diesem Zusammenhang keine Rede sein. Es ist nämlich nicht wahr, dass das Bild der Göttin lediglich aus unbefriedigten frühkindlichen Sehnsüchten gespeist wird. Dieser Anschein wird nur deshalb erweckt, weil im psychosozialen Rahmen – parallel zur religionsgeschichtlichen Verdrängungspolitik – weibliche Dimensionen des Lebens weitgehend zurückgedrängt wurden in frühkindliche Entwicklungsstadien. Es fehlt uns ein Bild für die weltumspannenden Dimensionen des Weiblichen, wie wir sie zum Beispiel im Tao-Te-king vorfinden.

Ganz im Gegenteil lässt sich zeigen, dass die theologischen Argumente, deren sich die Kritikerinnen und Kritiker der Göttin-Bewegung bedienen, einer genauen Analyse nicht standhalten. Stattdessen zeigt sich bei ihnen ein auffallender Mangel an folgerichtigem Denken. So ist folgender Argumentationsstrang äußerst beliebt: Spätestens seit Feuerbach und Freud wissen wir, dass die gängigen Gottesbilder auf Projektionen beruhen. Die Verehrung einer Göttin könne folglich nur einen Rückschritt in eine unaufgeklärte Glaubenswelt bedeuten, da ihr lediglich eine – noch dazu kindliche – Projektion zugrunde liegt.

Natürlich ist es gar keine Frage, dass wir in Sachen Gottes- oder Göttin-Bild immer projizieren. Aber das ist eigentlich in diesem Fall gar nicht das Problem, denn projiziert wird schließlich überall, in der traditionellen Theologie ebenso wie in den Naturwissenschaften, bei denen es angeblich ausschließlich um »objektive« Wahrheiten geht. Auch sie haben Welt- und Menschenbilder geschaffen, in denen es nur so wimmelt von zeit- und menschenbedingten Projektionen.

Bei dem von Newton und Descartes geprägten neuzeitlichen Weltbild des Kosmos als Maschine handelte es sich ebenso um eine Projektion wie bei der orientalischen Vorstellung vom Kosmos als Leib der Göttin. Die Frage dabei ist nur, in welcher Projektion mehr Anklänge an die Wirklichkeit enthalten sind.

Die Wissenschaft selbst ist heute dabei, ihre diesbezüglichen Projektionen zurückzunehmen und sie durch die sogenannte Gaia-Hypothese zu ersetzen. Nach neuesten Erkenntnissen kommt nämlich die kosmische Göttin-Vorstellung der Wirklichkeit näher als die newtonsche einer Maschine; denn der Kosmos entpuppt sich als ein großer Organismus – genau wie Mutter Erde, deren organischer Beschaffenheit wir erst richtig auf die Spur zu kommen scheinen, nachdem wir sie zerstört haben.

In verschiedenen Bereichen erinnert uns heute die Wissenschaft an älteste Mythen von Urmüttern, aus denen einst kosmisches und irdisches Leben hervorging. So zahlreich ihre Namen auch sein mögen, hinter ihrer Vielfalt verbarg sich doch immer nur die eine große Kraft als Urgrund und Ursprung allen Lebens.

Frauen wissen, dass es sich bei ihrer Rede von der Göttin unter anderem auch um eine Projektion handelt. Sie machen daraus auch gar keinen Hehl. Doch ist für sie die Frage, welchen Sinn ihre Projektionen haben, wozu und wem sie dienen, von vorrangiger Bedeutung.

Wenn Theologen jedoch meinen, die Göttin als Projektion »entlarvt« zu haben, dann dürfen sie nicht vor »Gott dem HERRN« Halt machen. Genau das aber geschieht mit einer naiven Selbstverständlichkeit. Der HERR der Bibel wird ausgenommen von aller Aufklärung. Er bleibt der einzig wahre und unantastbare Gott und wird nicht als Projektion erkannt. Damit aber wird suggeriert, dass es nur die Alternative gibt zwischen einer männlichen Projektionsfigur oder gar keiner.

Auf dieses Entweder-Oder wollen sich die Anhängerinnen und Anhänger der Göttin-Bewegung – zu der längst auch Männer gehören – aber nicht einlassen. Sie lehnen die Alternative, eine männliche Gottheit oder gar keine, ab und entlarven damit das patriarchale Religionsverständnis als absolutistisch. Der jüdisch-christliche Monotheismus erscheint als das, was er von Anfang an war: eine männliche Anmaßung. Ihm aber entziehen Frauen nunmehr das Religionsmonopol.

Die männliche Rede von Gott dem HERRN – das ist inzwischen hinlänglich bekannt – ist Ausdruck einer männlich-patriarchalen Bedürfnistheologie. Sie hat sich genau jene Strukturen geschaffen, die sie zur Umsetzung ihres Herrschaftsanspruches braucht. Im Rahmen dieser Theologie wurden Frauen einst

– für kultunfähig erklärt,
– für dumm gehalten,
– unterdrückt und diffamiert.

So tritt neben die Frage nach dem lebendigen Austausch mit der Wirklichkeit einer Projektion die Frage nach ihrer Lebensdienlichkeit oder Lebensfeindlichkeit. Welchen Kräften oder Mächten dient sie, welche blockiert sie? Wessen Interessen werden durch sie unterstützt, wessen behindert? Zu wessen Gunsten funktioniert sie?

Solche Fragen müssen gestellt werden, um zu begreifen, dass es sich bei jeder Form von Theologie oder Theasophie immer auch um eine Bedürfnisäußerung handelt. Frauen tun folglich gut daran, nicht nur alle theologischen Aussagen über »Gott« mit diesen Fragen zu konfrontieren, sondern gleichzeitig dafür Sorge zu tragen, dass ihre eigenen religiösen und *thea*sophischen Bedürfnisse nicht zu kurz kommen.

Die Abschaffung oder Ablehnung religiöser Sinnbilder wäre also nur dort angesagt, wo diese ihren Sinn verloren haben. Im Hinblick auf einen »göttlichen« HERRN ist das für viele Frauen (und Männer) der Fall. Auch der Vatergott kann dort nicht greifen, wo Kinder und Frauen von Vätern und Vatergestalten sexuell misshandelt worden sind und eine positive Besetzung des Vaterbildes nicht mehr möglich ist. Das kann hin und wieder auch der Fall bei Müttern sein, so dass auch die Mutter für eine Symbolisierung des Göttlichen nicht mehr in Frage kommt. Es soll daher auch gar nicht um eine neuerliche Verabsolutierung gehen, sondern um eine Erweiterung. Um die Schaffung neuer Möglichkeiten im Bereich der Bilder des Göttlichen, die nicht nur Frauen, sondern auch Männer und Kinder in unterschiedlichen Lebenssituationen und Lebensphasen brauchen könnten.

Zusätzlich geht es aber bei der Frage nach der Göttin auch um die Erinnerung an eine verlorene Tradition, an ein vergessenes Weltbild, das nicht etwa nostalgischen Regressionen dient, sondern das – wie bereits erwähnt – zunehmend auch aus der Perspektive der Wissenschaften seine Bedeutung zurückgewinnt. (Ich erinnere nur an die Bücher von Fritjof Capra, Jim Lovelock und Rupert Sheldrake.)

Obwohl die sogenannte Gaia-Hypothese von höchster Aktualität ist, obwohl Humangenetiker nicht umhin können, bei einem Vergleich von weiblichen X- und männlichen Y-Chromosomen an matriarchale Mythen der Großen Mutter erinnert zu werden[2], leben wir dennoch emotional und rational in einem völlig anderen Weltbild. Und zwar in einem Vorstellungsgebäude, das durch Jahrtausende hindurch hauptsächlich einen Zweck zu erfüllen hatte: männlicher Macht zu dienen.

Für die Durchsetzung dieses Weltbildes wurden unzählige Menschen ermordet, ganze Völker ausgerottet, Kulturen geplündert und Frauen zu Millionen auf den Scheiterhaufen Europas verbrannt. Und das, weil sie alte Glaubenstraditionen pflegten, die in Verbindung standen mit einem anderen als dem jüdisch-christlichen Weltbild, dessen höchster Wert und höchste Macht der HERR und »Vater« im Himmel ist.

Mit diesem Bild wurde die Wirklichkeit auf den Kopf gestellt; denn – wie bereits erwähnt –: Einen Vater kann es ohne Mutter noch weniger geben als eine Mutter ohne Vater. Sowohl biologisch als auch menschheitsgeschichtlich und sozial ist der Vater eine eher periphere Erscheinung. Niemals kann das Männliche als Ursprung und Grundlage des Lebens betrachtet werden, ohne die Wahrheit zu vergewaltigen. Genau das aber ist mit Hilfe einer patriarchalen Mythenbildung geschehen.

Um deutlich zu machen, weshalb die Erinnerung an ein Weltbild mit der Großen Göttin im Mittelpunkt von so großer Bedeutung ist für die Entfaltung unseres Bewusstseins und nicht einfach als »primitiv« abgetan werden kann, möchte ich einen kurzen Überblick geben über jene Glaubensinhalte, mit deren Hilfe einst die Wirklichkeit auf den Kopf gestellt wurde.

Es sind Vorstellungen, die unser Gottes-, Welt- und Menschenbild geprägt haben und wohl auch geeignet sind,

- die Beziehungen zwischen den Geschlechtern zu vergiften,
- Frauen von ihrem weiblichen Seinsgrund zu entfremden und
- diesen Planeten zu ruinieren:

1. Das Männliche wird als Ursprung des Lebens gefeiert, denn alles wurde durch Gott den HERRN geschaffen. Dementsprechend heißt es später in der christlichen Liturgie von Jesus, er sei aus seines Vaters Schoß gekommen. Deutlicher kann sich die Verkehrung der Fakten wohl kaum ausdrükken, denn eher scheint die Frau jungfräulich zu gebären, als dass der männliche Schoß einen Sohn hervorbringt.

2. In der Adam- und Eva-Geschichte wird der Mann als primäres Wesen und folglich als Matrix des Menschen dargestellt, aus der sich dann die Frau ableitet. Tatsache ist jedoch, dass beide Geschlechter grundlegend weiblich sind.

3. Weibliche Gebärkraft erscheint in diesem Schöpfungsmythos nicht im Zusammenhang mit der Erschaffung von Leben, sondern lediglich im Kontext von Schuld und Strafe. Hier wird die Frau ihrer Schöpfungsmacht beraubt und als Ursprung menschlichen Lebens ignoriert.

Neben der Verkehrung biologischer Fakten werden in diesem unserem Weltbild zugrundeliegenden Mythos auch prähistorische Gegebenheiten, die sich aufgrund der biologischen Fakten etabliert haben, schlichtweg in ihr Gegenteil verkehrt. Auf diesem Wege werden Maßstäbe gesetzt, die nicht nur der Frau durch Jahrtausende hindurch größten Schaden zugefügt haben, sondern die auch in der Gegenwart noch wirksam sind.

4. Die Frau wird von Gott dem HERRN und seinem Liebling Adam als »Männin« und »Gehilfin des Mannes« benannt.

Biologisch betrachtet ist aber der Mann der Gehilfe der Frau – eine Position, die er in der Verweigerung seines Vaterseins bis heute negiert. Stattdessen erscheint bis heute weibliches Sein nur in Bezug auf den Mann hin gerechtfertigt und verhindert weitgehend selbstbezogene weibliche Lebensentwürfe. Andererseits wird der Mann dazu veranlasst, sich unabhängig zu wähnen und seine faktischen Abhängigkeiten vom weiblichen Geschlecht zu leugnen.

5. Namensgebungen werden in unserem Grundlagenmythos ausschließlich durch Gott den HERRN und Adam, den Mann, vorgenommen. Auf diese Weise werden männliche Definitionsmacht und Objektivitätsansprüche legitimiert. Gleichzeitig wird Frauen das Recht auf einen eigenen Anteil am Entwurf eines Gottes-, Welt- und Menschenbildes vorenthalten. Weibliche Selbstdefinition steht folglich bis heute noch aus.

6. Stattdessen wird eine eigenständige weibliche Erkenntnismacht als »Ungehorsam gegen Gott« und folglich als *die* »Sünde« schlechthin dargestellt. So ist bis heute für Frauen und Mädchen eigenes Denken mit Angst und Schuldgefühlen besetzt.

7. Das ursprüngliche weibliche Begehren nach Erkenntnis wird am Ende unseres Mythos auf den Mann hin verlagert, denn nach ihm soll nunmehr ihr Verlangen sein – als Strafe Gottes wohlgemerkt. Dies Weltbild bedarf also zu seiner Aufrechterhaltung der Mannfixiertheit von Frauen, die folglich die Grundlage bildet für männliche Herrschaft und weibliche Selbstentfremdung.

8. Zum Umgang des Mannes mit der Frau im Herrschaftsbereich des HERRN sagt dieser im Mythos zur Frau: »Nach deinem Mann soll dein Verlangen sein, er aber soll dein Herr sein.« Durch diesen »göttlichen« Zuspruch männlicher Herrschaftsmacht über die Frau gilt männlicher Machtan-

spruch von nun an ebenso als legitim wie weibliches Autonomiestreben als illegitim erscheint.

9. Als Umfangsform mit Mutter Erde befiehlt der HERR den »ersten« Menschen, sich auch diese »untertan« zu machen. – Ein wahnwitziger Befehl, dem der weiße Mann folgte wie keinem anderen. Er entbehrt jeglicher Weisheit und öffnete der Plünderung des Planeten – und damit der Menschen – Tür und Tor.

Hier haben wir die wesentlichsten Punkte jenes kritikwürdigen Weltbildes, das mit der Verbreitung der »Heiligen Schrift« in Umlauf gebracht wurde und bis heute das Bewusstsein der Menschen prägt. Es veranlasst uns zu falschem Denken, Fühlen und Handeln und damit zu falschen Prioritätensetzungen und Lebensentwürfen. Kein Wunder, dass inzwischen auch Männer einen Paradigmenwechsel fordern – ein stimmigeres Weltbild, das der Wirklichkeit dieses Planeten gerechter wird und nicht länger primär den Machtansprüchen des Mannes dient.

Hier leistet die Göttin-Bewegung eine Art Geburtshilfe zu einer veränderten Weltsicht. Denn wer sich der Tatsache erinnert, dass Gottvater im Himmel nicht immer allmächtig war – und ohne ihn auch der Mann nicht –, bringt in der Tat ein (falsches) Weltbild ins Wanken.

Stationen des Erwachens der Skepsis gegen Vatergott und Mutter Kirche, gegen Theologie und Gottes Wort

Das Erwachen vieler Frauen zu transzendenten Dimensionen ihres Frauseins ist eine konsequente Folge männlicher Anmaßung. Einen beträchtlichen Anteil am weiblichen Sinneswandel hatten dabei die allgegenwärtigen Probleme der patriarchalen Gesellschaft, die für viele Frauen ein Indiz dafür sind, dass etwas Grundlegendes nicht stimmt, abgesehen davon, dass Männer nicht in der Lage sind, die von ihnen geschaffenen Probleme zu lösen.

Mit dem spirituell-religiösen Erwachen vollzog sich eine ganz folgerichtige Entwicklung im Anschluss an das politische Erwachen von Frauen, mit dem ja nicht alle Ebenen weiblicher Unterdrückung, Benachteiligung und weiblichen Unbehagens erfasst werden konnten.

Bereits zur ersten Frauenbewegung des 19. Jahrhunderts gehörte das religiöse Erwachen einiger Frauen. Die wohl bekanntesten unter ihnen waren Mathilda Joslyn Gage und Elizabeth Cady Stanton. Gage griff mit ihrer massiven Kritik an der Frauenfeindlichkeit der Kirche auch das Bild vom männlichen Schöpfergott an, durch das das Göttliche der schöpferischen Kraft seines weiblichen Prinzips beraubt worden sei.

Auf dem Internationalen Konzil der Frauen 1888 eröffnete Gage die Sitzung mit einem Gebet an eine weibliche Gottheit, das Isabella Beecher Hocker verfasst hatte. Für die meisten Frauen kam dieser Schritt jedoch zu früh, und sie reagierten schockiert, mangelte es ihnen doch an Fortschrittlichkeit und theologischen Erkenntnissen, wie Gage später einräumen musste.

In unserem Jahrhundert scheinen diese Probleme überwunden. Gibt es doch parallel zur politischen Frauenbewegung seit den 70er Jahren auch Anzeichen eines religiösen weiblichen Erwachens auf breiterer Ebene. Anders als die politische entstand die religiöse Frauenbewegung nicht auf der Grundlage bestimmter politischer Forderungen, wie zum Beispiel die Abschaffung des Paragraphen 218, sondern auf der Grundlage eines geistigen Erwachens und diffusen Unbehagens. Es hing zusammen mit den bereits erwähnten Dissonanzen, die in der christlichen Glaubenslandschaft unüberhörbar geworden waren. Frauen gaben sich nicht mehr zufrieden mit einem Glauben, der nachbetet, was Männer einmal gesagt oder geschrieben haben. Stattdessen machten sie sich ans Überprüfen von Glaubensaussagen und lernten allmählich, ihr diffuses Unbehagen, ihr intuitives Erfassen der vielen Ungereimtheiten, ihre Empörung über den männlichen Verrat am jesuanischen Erbe in Worte zu fassen und ihre Einsichten mit anderen zu teilen.

Dies Unbehagen hat Hildegunde Wöller in folgendem Statement zum Ausdruck gebracht:

»Ich bin aufgewachsen in einem lutherischen Pfarrhaus, und was ich zuerst von Gott lernte, war: Gott verdammt mich zum Tode, denn ich bin ein Sünder.

Als zweites lernte ich: Gott hat mich verdammt, aber auch begnadigt, ich muss ihm immer dankbar sein.

Als drittes lernte ich: Gott erwartet meine Dankbarkeit als Gehorsam. Ich soll den Eltern gehorchen, denn sie vertreten ihn. Ich muss brav, fleißig und anspruchslos sein, denn alles, was ich bin und habe, bekomme ich nur aus Gnade.

Schließlich lernte ich: Gott ist ein Kriminalist. Er sieht alles, hört alles, rächt alles, ich kann mich nirgendwo vor ihm verbergen, und da ich nicht vollkommen bin, bin ich ein Sünder und habe kein Recht zu leben.

Das war meine Kindheit und Jugend. Es roch für mich in der Kirche immer nach Tod und Verwesung, nach Sünde, nach Schuld, nach Karfreitag. Zitternd und in Schwarz gekleidet, ging ich zum Abendmahl, denn wer es ohne rechten Glauben empfängt, isst es sich zum Gericht.

Dann studierte ich Theologie. Dort lernte ich: Gott ist eine Chiffre. Ich muss denken lernen, möglichst abstrakt, denn Gott, das ist etwas für Gelehrte.

Zweitens lernte ich: Gott ist ganz anders als alles, was Menschen denken, glauben und beten. Jede Erfahrung, auch meine, jede Religion ist Sünde, ist Götzendienst, ist Abgötterei.

Drittens lernte ich: Gott ist gerecht. Er hat seinen geliebten Sohn zum Tode verdammt, um durch ihn Sühne zu bekommen für die Sünden der Menschheit. Da Jesus gelitten hat, darf auch ich nichts als Leiden erwarten in dieser Welt.

Gott ist auch ein Moralist, wenn ich jemanden liebe, ist das Sünde, auf die Verdammung folgt.

Ich lernte: Gott ist verborgen, er ist vielleicht sogar tot. Ich muss auf dieser Erde leben, als ob es ihn nicht gäbe.

Endlich lernte ich: Gott leidet selbst an dieser Welt, und seine Liebe zu ihr ist ohnmächtig. Alles Böse auf dieser Welt ist Schuld der Menschen, auch meine Schuld, und es hängt allein an mir, ob sich etwas bessert. Ich muss mich anstrengen.

Das war der Gott, von dem ich in meiner Studien- und Ausbildungszeit hörte. Ich spürte damals: Ich komme in dieser Theologie nicht vor. Was mich bewegt, hat keine Bedeutung, ja es ist Sünde.

Ich lernte: Von diesem Gott ist keine Hilfe zu erwarten, es hängt an mir kleinem Menschen, ob sich auf dieser Welt etwas bessert. Es war also am ehrlichsten und redlichsten, zu leben, als ob es Gott nicht gäbe.

Aber ich habe gelitten unter dem Gottesbild meiner Kindheit, das mich verdammte, und ich habe gelitten unter dem Gottesbild meiner Studien- und Ausbildungszeit, das mich leer ließ und Gott zu einem intellektuellen Gespenst machte. Nur konnte ich damals selbst nicht sagen, was ich meinte und warum ich litt.

Inzwischen habe ich meine eigene Stimme gefunden und sage, wie ich mir Gott vorstelle, trotz allem Gegenteiligen, was man mir von ihm gesagt hat. Doch wenn ich das sage, bekomme ich Widerspruch und Feindschaft zu spüren.

Wenn ich sage: Gott ist Liebe, unendliche Liebe, die niemanden verstößt und verdammt, so hat es doch Jesus gesagt, dann bekomme ich zur Antwort: Pfui, das ist billige Gnade, das ist Allversöhnung. Du nimmst Gott nicht ernst.

Wenn ich sage: Gott ist Geist, inspirierend, entzündend,

begeisternd, ausgegossen auf alles Fleisch, dann bekomme ich zur Antwort: Pfui, das ist Selbsterlösung!

Wenn ich sage: Gott offenbart sich in allen Religionen, nicht nur uns Christen, sagt man: Pfui, das ist Synkretismus!

Wenn ich sage: Gott, der Schöpfer und der kosmische Christus ist in allen seinen Geschöpfen gegenwärtig, bekomme ich zu hören: Pfui, das ist Pantheismus, Animismus, natürliche Theologie!

Wenn ich sage: Gott ist auch weiblich, und wenn ich ihn in weiblichen Gestalten suche, bekomme ich zur Antwort: Pfui, das ist finsteres Heidentum!

Es bleibt also dabei: Ich bin eine Sünderin. Ich bin eine Sünderin, wenn ich das Gottesbild akzeptiere, das man mir vorhält, und ich bin ebenso oder erst recht eine Sünderin in den Augen meiner Kirche, wenn ich bekenne, welches Gottesbild mir hilft, zu lieben, zu glauben und zu leben.

Manchmal frage ich mich: Ist das Gottesbild, das man mich gelehrt hat, womöglich das Gespenst kranker Männer?«[3]

Hier die wesentlichen Stationen weiblichen Erwachens:

1. Da war zunächst die allgemeine Enttäuschung über die **Rolle der Kirchen im Dritten Reich** und die Halbherzigkeit ihrer Erklärungen und Schuldbekenntnisformeln. Das Erwachen bezog sich auf die Erkenntnis, dass Theologie und Kirche ein hohes Maß an Legitimierungsbereitschaft aufbringen, solange es um männliche Ideen und Anschauungen geht. Weibliche Vorstellungen dagegen werden gnadenlos bekämpft und verdrängt.

So war offensichtlich die Vorstellung, dass Gott sein Volk mit Hilfe des Nazi-Terrors heimsucht, für viele Kirchenmänner annehmbarer als die Idee einer Göttin.

2. **Der Gott und Herr der Geschichte,** den Theologen zu verkünden nicht müde wurden, erwies sich in Auschwitz of-

fenkundig als ohnmächtig oder kaltblütig. Auf jüdischer Seite war für viele Menschen klar, dass wir nach Auschwitz nicht mehr so von Gott reden können wie bisher. Auf protestantischer Seite lebte der Glaube an den jüdischen Gott der Geschichte ungebrochen weiter. Ein Beispiel hierfür ist der inzwischen verstorbene Alttestamentler und unermüdliche Kämpfer für einen christlich-jüdischen Dialog, Prof. Kremers aus Duisburg, der auf einer Akademieveranstaltung in Mülheim meinte, Gott werde nicht zulassen, dass sich die Menschheit selbst vernichtet. Er werde eingreifen und eine globale Katastrophe verhindern. Auf die Frage, warum Gott dann nicht auch in Auschwitz eingegriffen habe, antwortete er, das könne man nicht vergleichen. Hier gehe es um ganz andere Größenordnungen... Auch die Vorstellung von Elie Wiesel, dass Gott selbst in Auschwitz ermordet worden sei, führte nicht zu jener radikalen Veränderung des christlichen Gottesbildes, die eigentlich dieser Aussage folgen müsste.

3. Neben die Auseinandersetzung mit den Greueln der Nazi-Zeit und der Rolle von Theologie und Kirchen in jenen Jahren trat die Auseinandersetzung mit den **Greueln des Hexenwahns** und den Jahrhunderte währenden Frauenverbrennungen. Sie gehen eindeutig und unleugbar auf das Konto der christlichen Kirchen und Theologen, obwohl die Wurzeln der Frauenverbrennungen bis in die hebräische Bibel reichen. Sie gehören offenbar zu den Folgen männlicher Frauenfeindlichkeit.

Während die protestantische Kirche sich hinsichtlich ihres Versagens im Dritten Reich immerhin ein (wenn auch unzulängliches) Schuldbekenntnis abgerungen hat, warten Frauen auf ein solches im Hinblick auf die Verfolgung und Verbrennung ihres Geschlechts vergebens.

4. Feministische Theologinnen entlarvten nach und nach die **Grundlagen des patriarchalen Weltbildes,** das bis heute

unser aller Denken nachhaltig beeinflusst. In der Auseinandersetzung mit frühchristlichen und mittelalterlichen Theologen, mit Hexenwahn und sexuellen Projektionen erkannten Frauen die verheerende Wirkungsgeschichte des biblischen Eva-Mythos und seiner Rezeption durch christliche Kirchenmänner. Die Vorstellung von der Frau als einer, die als zweite entstanden war, aber als erste gesündigt hatte, erwies sich als äußerst fruchtbarer Boden für männliche Frauenverachtung jedweder Art.

Für Frauen dagegen war die Auseinandersetzung mit diesem Mythos und seiner Wirkungsgeschichte, aber ebenso mit der in ihm enthaltenen Göttin-Symbolik (Garten, Baum, Schlange, Frucht) wiederum grundlegend für das, was wir heute die Göttin-Bewegung nennen.

5. Auf der Grundlage solcher Entdeckungen innerhalb von Bibel und Kirche ergab sich ganz folgerichtig die Kritik an den heiligen Kühen jüdisch-christlicher Theologie: Monotheismus, Offenbarungsglaube und Erwählungsbewusstsein.[4] Frauen erkannten, dass alle drei Überzeugungen in erster Linie den Ausschluss weiblicher Dimensionen zur Folge beziehungsweise von Anfang an zum Ziele hatten. Der Glaube an einen Gott, der einem allmächtigen Chauvi glich, wurde als Vergötzung des Männlichen entlarvt, die mit einer Abwertung und Diffamierung des Weiblichen einherging. Der Offenbarungsglaube erwies sich bei näherer Betrachtung als Verabsolutierung männlicher Gottesideen bei gleichzeitiger Ausschaltung weiblicher Vorstellungen und Glaubensmuster. Auch das Erwählungsbewusstsein – die Vorstellung, dass Gott mit ganz bestimmten Männern einen Bund gemacht habe – entlarvten Frauen als fehlgeleitete männliche Projektion eigener Bündnispolitik und Männerbündelei.

6. Zunehmend erkannten Frauen, dass für sie als eigenständige Subjekte mit eigenen Vorstellungen von dem, was ist,

was einmal war und was sein soll, **kein Raum** ist **in der Welt männlicher Ideen;**
- dass sie aus der Geschichte mit Gott ausgeschlossen sind,
- dass ihr Leiden an Unterdrückung und Ungerechtigkeit nicht thematisiert wird
- und dass sie keine Sprache haben für eigene Erfahrungen und Ideen.

7. Am Beginn der Göttin-Bewegung steht somit bei vielen Frauen die **ethische Entrüstung** über das, was Männer sich im Hinblick auf das weibliche Geschlecht alles haben einfallen lassen. Die sogenannte »Zivilisation« stellt sich ihnen zunehmend als Höchstform der Barbarei dar. Der Männergott ist für viele von ihnen unglaubwürdig geworden. Ihm fehlen jene Dimensionen, die Frauen für ihr spirituelles Leben als wichtig erachten.

8. So ist die Hinwendung zur Göttin-Religion letztlich **Ausdruck** eines existentiellen Suchens, das sich nicht damit zufrieden gibt, mit dem Männergott jeglicher Form von Religion den Rücken zu kehren und damit das Kind mit dem Bade auszuschütten. Religion bleibt für sie eine wichtige Grundlage ihres Lebens – oder wird es erst. Sie erweist sich für Frauen aber nur dann als sinnvoll, wenn sie auch etwas mit ihnen zu tun hat und sie selber darin vorkommen. Damit aber geht der Protest der Frauen wesentlich weiter, als wenn sie der christlichen Religion einfach nur den Rücken kehren würden. Sie weigern sich nämlich, ihre Religiosität weiterhin in der Abhängigkeit von der Männerkirche zu belassen. Auch hier emanzipieren sie sich, indem sie ihre religiösen Bedürfnisse und Ansichten selbst in die Hand nehmen.

Nun ist es für viele aber selbstverständlich, die Göttin-Bewegung von vornherein außerhalb des christlichen Glaubens anzusiedeln. Das aber hieße, sich männlich-patriarchaler Definitionsmacht zu unterwerfen und die von dort vorgegebenen Grenzen und Schubfächer zu akzeptieren. Genau dieses Vorgehen aber entspricht nicht der Wirklichkeit, denn diese Bewegung muss als konfessions- und religionsübergreifend verstanden werden. Sie ist außerhalb und innerhalb des christlichen Glaubens angesiedelt und zwingt daher, sie genau dort zur Kenntnis zu nehmen.

Die Göttin-Bewegung als weltweites Phänomen

Anhand von einigen Beispielen möchte ich nachfolgend darlegen, wie vielfältig die Wurzeln der Göttin-Bewegung sind. Sie ist kein singuläres Phänomen, sondern stellt eine weltweite Entwicklung als Folge weiblichen Erwachens dar.

Die Entwicklung in Deutschland

Hierzulande waren es Elisabeth Moltmann-Wendel und Catharina Halkes, die zuerst in Buchveröffentlichungen auf Inhalte feministischer Theologie aufmerksam machten und sich diesen Fragen selbst widmeten. Sie konnten dabei bereits auf eine feministisch-theologische Bewegung in den USA zurückgreifen. Dort waren es insbesondere Valerie Saiving und Carol Christ, Judith Plaskow und Mary Daly, die jüdisch-christliches Gedankengut aus feministischer Perspektive untersuchten und bald auch in Deutschland bekannt wurden.

Ausgangspunkt feministisch-theologischen Denkens war die Thematisierung weiblicher Unzufriedenheit in einem männlich-patriarchalen Religionssystem, das Frauen das Dienen und Männern das Herrschen anempfiehlt. Frauen erkannten zunehmend – und verstärkt durch den aufkommenden Feminismus – das hohe Ausmaß an Ungerechtigkeit im Rahmen kirchlicher Sozialstrukturen. Sie sensibilisierten sich für frauenfeindliche Anteile nicht nur in der »Heiligen Schrift«, sondern auch in theologischen Texten. Dabei entdeckten sie die weitgehende Androzentrik religiöser Texte und theologischer Sichtweisen.[5]

Im Laufe der Zeit kristallisierte sich immer deutlicher die Machtfrage heraus als *das* zentrale männliche Motiv in Kirche und Theologie, Glauben und Religion, das sich letztlich im männlichen Gottesbild verbarg. So stießen Frauen zum Kern des fundamentalen Unterschiedes zwischen ihrer eigenen und einer männlich-patriarchalen Bedürfnislage.

Zum Vorschein kamen dabei folgende Vorwürfe, die weltweit von Frauen gegen die traditionelle christliche Kirche und Theologie erhoben wurden:

1. die Abwertung alles Weiblichen,
2. die Enteignung des weiblichen Selbst,
3. die Verhinderung weiblicher Autonomie und Freiheit,
4. der Missbrauch weiblicher Energien zur Stabilisierung männlicher Macht und patriarchaler Strukturen,
5. das Festlegen auf ein bestimmtes Frauenbild, das Männern nützt und Frauen ausbeutet,
6. die Manipulation des weiblichen Bedürfnisses nach Verehrung, Heiligung und Vertrauen,
7. die Aufspaltung in eine »religiöse« – höherwertige »heilige« – und eine »natürliche« – minderwertige »profane« – Erlebniswelt,
8. die Dogmatisierung des religiösen Glaubens, die mit einer unerträglichen Machtanmaßung einhergeht.

Daneben traten Veröffentlichungen feministischer Theologinnen, in denen die weiblichen Dimensionen des Göttlichen thematisiert wurden, und zwar mit Hilfe

- von Maria als Symbol weiblicher Göttlichkeit, die über das Christentum hinausführt,

- des Heiligen Geistes als weiblich-göttlicher Ursprungskraft (Ruah), die bereits in der Hebräischen Bibel domestiziert und als Anhängsel des HERRN gedeutet wurde,
- von Sophia, die als Überrest der Großen Göttin an vielen Stellen der Bibel zutage tritt, aber genau wie die Ruah zu einer Instanz des HERRN verkam.

Auf den Spuren dieser drei Gestalten führte für viele christlich orientierte Frauen der Weg zu einer vom HERRN unabhängigen Göttin. Daneben gab es aber noch weitere Zugänge, die aus anderen Quellen gespeist wurden. So lassen sich im Grunde genommen drei Wege nachzeichnen, die dann schließlich in die Göttin-Bewegung einmündeten:

1. Weg

Mit dem Erwachen der Frauenbewegung erfolgte auch bei kirchlich orientierten Frauen ein allmählicher Bewusstseinswandel. Sie setzten sich zunehmend kritisch mit ihrer christlichen Überlieferung auseinander, woraus schließlich die feministische Theologie hervorging. Die verstärkte Suche nach Frauen in der Bibel führte schließlich zur Entdeckung göttlich-weiblicher Gestalten und Symbole in der jüdisch-christlichen Tradition.[6]

Für einige führte der Weg über Maria, die als einziges weibliches Symbol am christlichen Himmel und als Erbin alter Göttin-Symbolik religions- und symbolgeschichtlich neu erschlossen wurde: Maria als »geheime Göttin im Christentum«.[7] Viele katholische Frauen lernten, sie mit ganz neuen Augen zu sehen, nachdem sie ihr im Zuge ihrer Emanzipation längst den Rücken gekehrt hatten.[8] Protestantische Frauen entdeckten ihre symbolische Kraft jenseits spärlicher Informationen im Neuen Testament. Sie erkannten, wie sehr ihnen eine weibliche Gestalt in ihrem Glaubensleben gefehlt hatte.[9] Einige erlebten selbst Marienerscheinungen.

Neben Maria traten noch andere transzendente Gestalten in das Bewusstsein von Frauen. So gewann die Tatsache an

Bedeutung, dass der Heilige Geist im Hebräischen (Ruah) weiblichen Geschlechts, also eine »Geistin« ist. Die Tatsache, dass sie im Symbol der Taube dargestellt wurde – dem Symbol antiker Liebes- und Friedensgöttinnen –, garantierte noch in frühchristlicher Zeit das allgemeine Wissen um ihre Weiblichkeit. Im Laufe der Zeit aber siegte das männliche (lateinische und deutsche) Wort über das Bild. Die weibliche Taubensymbolik verlor an Bedeutung und wurde verdrängt durch den männlichen spiritus sanctus beziehungsweise den Heiligen Geist. Am Ende hatte die Kirche, wie C. G. Jung feststellt, »die weibliche Natur des Heiligen Geistes, auf welche die symbolische Taube noch hinweist, ausgemerzt«.[10]

Unter dem Symbol der Taube entdeckten Frauen aber auch Sophia, die Göttin der Weisheit. Sie ging dem HERRN um Jahrtausende vorauf, doch diese Tatsache versucht die Hebräische Bibel zu verdrängen. Dort lernen wir sie nur noch in ihren letzten Erscheinungsformen kennen, die die patriarchale Theologie von ihr übrigließ beziehungsweise nicht zu verdrängen vermochte. Im Gefolge der Sophia wurde auch Jesus, der theologisch nur als Sohn des göttlichen Vaters bekannt war, als ihr Sohn und Gesandter neu entdeckt.[11]

Zudem stießen Frauen in der Weisheitsliteratur auf weltanschauliche Vorstellungen, die ihr eigenes Weltbild bestätigten, so dass ihnen die Richtigkeit ihres Abschieds von kirchlichen Lehrmeinungen und Dogmen auch hier bestätigt wurde.

2. Weg

Andere Frauen führte der Weg über die Psychologie insbesondere der Jung-Schule. Sie gelangten zu der Erkenntnis, »dass die psychischen Schwierigkeiten von Frauen und Männern nicht nur das Ergebnis einer gestörten Individualentwicklung sind, sondern ebenso stark von kollektiven Rahmenbedingungen abhängen, die zu überschreiten den

Einzelnen nur sehr bedingt möglich ist«.[12] Insbesondere die Studien Erich Neumanns zur »Großen Mutter« veranlassten Frauen, sich mit der Vor- und Frühgeschichte sowie mit der Mythen- und Symbolgeschichte zu befassen. Aus ihnen entwickelten sie zunehmend ein eigenes Arbeitsfeld, die Matriarchatsforschung[13], aus der die Entwicklung eines matriarchalen nicht-dualistischen Weltbildes und Bewusstseins hervorging, das Frauen in ihren eigenen Vorstellungen wesentlich mehr bestätigte als das traditionell patriarchale Weltbild. Auch dieser Weg erwies sich als wichtiger Beitrag zur Wiederkehr der Göttin.

3. Weg

Neben christlicher Tradition und Frühgeschichte erwies sich für viele Frauen die Auseinandersetzung mit der eigenen Geschichte als Einstieg in das Weltbild der Göttin. Besonders wichtig wurde für sie die Identifikation mit den »Hexen« zu Beginn der Neuzeit. Dies machte ihnen das ungeheure Ausmaß an Frauenfeindlichkeit auch noch im Namen der Aufklärung deutlich und ebenso, wie lebendig die religiösen Traditionen und Kulte dieser Frauen noch gewesen sein müssen. In diesem Zusammenhang wurden Frauen mit einem nichtchristlichen naturreligiösen Weltbild konfrontiert, in dessen Zentrum die Große Göttin und der Gehörnte standen – Symbole, die Gerda Weiler[14] anhand der Steinbocksymbolik bis ins Alte Testament zurückverfolgt hat.

Die kritische Auseinandersetzung mit der Bibel vollzog sich bei Frauen nicht nur auf christlicher Seite. Auch Jüdinnen nahmen ihre Tradition kritisch unter die Lupe.

Die jüdische Göttin-Bewegung

Ebenso wie christliche Frauen setzten sich auch Jüdinnen mit ihrem kulturellen Erbe auseinander und wurden des erschreckenden Ausmaßes an Frauenfeindlichkeit gewahr. Obwohl es auch hier selbstverständlich Überschneidungen gibt, lassen sich die folgenden jüdischen Autorinnen jeweils einem der zuvor beschriebenen drei Wege zuordnen:

- Judith Plaskow und Susannah Heschel haben sich der theologischen Auseinandersetzung mit ihrer Tradition gewidmet.
- June Singer hat sich als Jung-Therapeutin besonders mit den psychologischen Implikationen jüdischen Traditionsgutes (hier insbesondere Bibel und Kabbala) befasst.
- Starhawk bekennt sich zur Hexenbewegung und setzt ihre psychotherapeutischen Erfahrungen für die Entwicklung erlebnisorientierter Rituale ein. Dabei geht es ihr in erster Linie um die Wandlung des patriarchalen Bewusstseins bei Frauen und Männern, um die Entfaltung jener Seelenkräfte, die in beiden Geschlechtern im Rahmen einer patriarchalen Erziehung und Sozialisation blockiert wurden. Sie hat eine Reihe sogenannter »Hexenzirkel« gegründet, die teilweise auch Männer aufnehmen, die in ihren Ritualen zumeist einen festen Platz haben.

Während Starhawk der jüdischen Religion längst den Rücken gekehrt hat, gehören Plaskow und Heschel zu jenen jüdischen Feministinnen, die versuchen, die jüdische Religionsgemeinschaft als solche zu verändern. Sie setzen sich in erster Linie mit der jüdischen Tradition auf der Grundlage des Rechts, der Theologie und des Kultes auseinander. Plaskow stellt fest, »dass der Sieg des Jahwismus (des jüdischen Monotheismus) die Unterdrückung der weiblichen Seite der Gottheit wie auch der Kultgemeinde der Frauen zur Folge hatte«.[15] Hier nun fordert der jüdische Feminismus »ein neues Verständnis der Torah, Gottes und Israels: ein Verständnis der Torah, das mit der Anerkennung beginnt, dass sie selbst zutiefst ungerecht ist«.[16]

In gewisser Weise ist auch bei jenen Feministinnen die Wiederkehr der Göttin zu beobachten, die ihrem Glauben nicht einfach den Rücken kehren wollten. Sie forderten die Göttin von ihrer Kultgemeinde als Teil der Gottheit ein, »denn ein Gott, der sie (die Göttin, C. M.) nicht einschließt, ist ein Götze nach dem Bild des Mannes«.[17] Mit ihrer Forderung nach einer weiblichen Gottessprache stützen sie sich ebenso wie christliche Feministinnen auf die Entdeckung biblischer Bilder des Göttlich-Weiblichen (Chochma, Ruah, Schechina, Königin Sabbat), die auch in der Kabbala und im jüdischen Brauchtum einen festen Platz haben.[18] Gleichzeitig sind die Autorinnen jedoch der Auffassung, dass sie sich mit dieser Forderung auf ein Terrain begeben, das jenseits rationaler Argumentation liegt.

Die asiatische Göttin-Bewegung

Im Winter 1991 wurden viele Christinnen und Christen zum ersten Mal durch die protestantische Theologie-Professorin aus Seoul, Chung Hyung Kyung, mit der Göttin-Bewegung in Asien konfrontiert. Sie hielt das Hauptreferat auf der VII. Vollversammlung des Ökumenischen Rates der Kirchen in Canberra (Australien) vor einem überwiegend männlichen Publikum. Für eine Frau eine seltene Ehre und sicherlich ein Zugeständnis an jene Frauen, die seit Jahren weltweit Druck auf die Kirchen ausüben.

Für viele war es ein Schlag ins theologische Antlitz, als die protestantische Theologin ganz unbefangen von der philippinischen Großen Göttin *Ina* sprach, »von der alles Leben ausgeht«,[19] als sie ihre Vorstellung vom Heiligen Geist im Bild der chinesischen Göttin *Kwan in* beschrieb, »der Göttin des Mitleidens und der Weisheit«.[20] Schließlich forderte sie die Christenheit auch noch dazu auf, sich von einem

Christo-Zentrismus fort- und zu einer Lebens-Zentrierung hinzubewegen.[21]

Kein Wunder, dass sie Schwierigkeiten bekam im Anschluss an ihre großartige und mutige Rede. Sie wurde regelrecht verfolgt und bedroht. Selbst Disziplinierungsversuche blieben nicht aus. Parallelen zu christlichen Ketzerinnen hierzulande werden sichtbar. Das Patriarchat setzt sich zur Wehr, fühlt es sich doch bedroht durch das freie Denken von Frauen. Da ist es egal, in welchem kulturellen oder konfessionellen Rahmen Frauen sich befinden.

Chung Hyung Kyung übt schonungslose Kritik an der patriarchalen Institution der Ehe, die die Prostitution wie eine Zwillingsschwester nach sich zieht. Auch Kirche und Theologie werden nicht verschont. Sie unterzieht den christlichen Glauben einer radikalen Kritik und macht den spirituellen Boden sichtbar, auf den christliche Samenkörner gefallen sind. Dabei kommt sie zu recht ähnlichen Erkenntnissen einschließlich der dazugehörigen Kritik wie feministische Theologinnen hierzulande:

- Sie stellt die männliche Definitions- und Interpretationsmacht in Frage und spricht Männern das Recht ab, Frauenbefreiung von ihren eigenen Interessen her zu definieren.[22]
- Sie zweifelt »an der Integrität der sogenannten progressiven Männer, wenn diese sich für die Befreiung der Frauen einsetzen«[23],
- und lehnt es ab, dass Frieden und Harmonie noch länger auf Kosten von Frauen aufrechterhalten werden.
- Sie deckt die asiatische Doppelmoral auf und
- gesteht Frauen das von ihnen gewählte Maß an Militanz für ihre Befreiung zu.[24]
- Sie verwahrt sich gegen die Verharmlosung der Frauenunterdrückung als Nebenwiderspruch und damit gegen männliche Prioritätensetzung.[25]

- Sie benennt die Grundlagen der patriarchalen Klassengesellschaft als »Sünde«[26] und macht uns mit spezifisch asiatischen Formen weiblicher Unterdrückung bekannt.
- Gleichzeitig distanziert sie sich von gängiger theologischer Anmaßung und zeigt, dass die Grundlage der Theologie nicht etwa in »göttlicher Offenbarung« zu suchen ist, sondern vielmehr in der Anthropologie.[27]
- Wie Theologinnen hierzulande lehnt auch sie das männlich-patriarchale Gottesbild ab und plädiert für eine weibliche Gottheit, die das alte Konzept in Frage stellt und mit den Frauen für ihre Machtansprüche in dieser Welt kämpft.[28]

Die koreanische Theologin und Autorin schildert in bewegender Weise und einer durch und durch frauenorientierten Haltung jenen weiblichen Umdenkungsprozess, der auch in Asien nicht aufzuhalten ist und so viele bemerkenswerte Parallelen zur westlichen Göttin-Bewegung aufweist.

Die Göttin innerhalb der christlichen Überlieferung

Wie inzwischen deutlich geworden ist, lassen sich neben den frauenfeindlichen und wirklichkeitsfremden theologischen Konzepten, die für die Wiederbelebung des Göttin-Glaubens mitverantwortlich sind, auch positive Inhalte aufzeigen, von denen die christliche Göttin-Bewegung getragen wird. Es handelt sich dabei um jene von feministischen Theologinnen erarbeiteten Inhalte, die bereits angeklungen sind.

Ähnlich wie im Rahmen des jüdischen Glaubens gibt es auch auf christlicher Seite viele Frauen, für die das Bild der

Göttin nicht im Widerspruch zu ihrem christlichen Glauben steht und die es daher in diesen integrieren möchten. Und das auf der Grundlage folgender Entdeckungen: Die christliche Traditionsgeschichte ebenso wie die Botschaft des Neuen Testaments beinhalten eine reichhaltige Göttinnen-Symbolik, die ich hier noch einmal etwas näher ausführen möchte[29]:

Neben christlichen Theologinnen haben hin und wieder auch Theologen darauf hingewiesen, wie stark sich Jesus dem patriarchalen Denken widersetzt und immer wieder auf weibliche Dimensionen der Wirklichkeit und damit auch des Göttlichen verwiesen hat. Einer von ihnen ist der katholische Theologe Neil Douglas-Klotz. Er weist im Rahmen seiner Meditationen zum »Vater unser« darauf hin, dass das von Jesus benutzte Wort »malchuth«, das »Himmelreich«, »Reich Gottes« oder »Königsherrschaft« übersetzt wird, eng verwandt ist mit dem nahöstlichen Wort für »Große Mutter«. Patriarchale Herrschafts- und Reichsvorstellungen verleiten folglich zu falschen Assoziationen.

Selbst nach heutigem Sprachverständnis müsste Malchut eher mit »Königinnenherrschaft« oder »Reich der Göttin« übersetzt werden, um dem Femininum Ausdruck zu verleihen. Schließlich leitet sich das Wort Malchut nicht etwa von König (melech), sondern von der Königin (malacha) ab. In der jüdischen Mystik wird die Malchut daher auch mit der Schechina identifiziert, der sogenannten »weiblichen Seite Gottes«. Religionswissenschaftliche Studien von Renate Laut weisen sie hingegen als ursprünglich eigenständige Göttin aus, die erst später an die Seite des HERRN treten musste.[30]

Wie ich in meinen bereits erwähnten Büchern ausführlich dargelegt habe, verweisen früh-christliche schriftliche Traditionen darauf, dass Jesus sich als Gesandter beziehungsweise als Inkarnation jener Weisheitsgöttin verstanden hat, die in seiner Zeit noch in allen Religionen des Mittelmeerraumes präsent war. Im Judentum war sie als göttliche Weisheit – als Chochma und Schechina – bekannt. Die ägyptische Welt verehrte sie als Maat und Isis, die griechische Welt kannte sie als Metis und Sophia.

So knüpfte Jesus in seinen Lehren von der Malchut unmittelbar an alte Göttinnen-Traditionen an. Möglicherweise ging es ihm darum, die von der Verdrängung bedrohte weibliche Transzendenz im Bewusstsein der Menschen zu erhalten oder neu zu verankern. Für diese Vermutung gibt es eine Reihe von Indizien, die männlich-patriarchale Theologen schlichtweg ignorieren.

Von der Präsenz des Weiblich-Göttlichen in den religiösen Vorstellungen Jesu kündet nicht nur die weibliche Sprache, sondern auch die weitgehend weibliche Symbolik, die wir in den Gleichnissen von der Malchut antreffen. Wenn Jesus sie mit einer Perle vergleicht, so bedient er sich dabei eines der ältesten und weltweit bekannten Symbole des Weiblichen. Denselben symbolischen Gehalt finden wir in Jesu Vergleich der Malchut mit einem Schatz im Acker, für den ein Mann viel Geld bezahlt, um an diesen Schatz zu kommen. Gemeint sind in beiden Gleichnissen offenbar jene verborgenen und verdrängten weiblichen Kräfte und Werte, die Männer nur finden können, wenn sie wirklich und bewusst danach suchen.

Parallel zu den Gleichnissen Jesu stoßen wir auch in zahlreichen Märchen auf eine recht ähnliche Thematisierung der Verborgenheit des Weiblichen. Hier ist es immer wieder die Aufgabe der männlichen Märchengestalten, alles daranzusetzen, es in Gestalt einer Prinzessin oder eines armen Mädchens für sich zu gewinnen und in die eigene Welt zu integrieren.

Die verborgene Malchut oder Schechina freut sich ihrerseits als Verlorengegangene gerade über das Verlorene. Auch diese Vorstellung wird in ein weibliches Bild gekleidet. So wird die Malchut ganz konkret mit einer Frau verglichen, die einen verlorenen Groschen wiederfindet und sich mit ihren Nachbarinnen darüber freut.

Hier taucht Jesus mit seiner Göttin-Lehre ganz ein in die weibliche Welt des Hauses. Das gilt ebenso für seinen Vergleich der Malchut mit einem Sauerteig, den eine Frau unter das Mehl mengt und so die Voraussetzung dafür schafft, dass er aufgehen – wachsen und sich mehren – kann. Die weiblichen Dimensionen der Fruchtbarkeit und Vermehrung werden auch noch in vielen anderen Gleichnissen thematisiert.

Die Bedeutung dieser Gleichnisse liegt darin, dass selbst die traditionelle Theologie sie als die Grundlage jesuanischer Lehren anerkennen muss und nicht etwa die Lehre vom Vatergott, wie die meisten Gläubigen meinen. Erst durch den letzten Evangelisten wird das Bild des Vaters zu einer eigenen Theologie verarbeitet und Jesus nachträglich in den Mund geschoben.

Wie weitreichend sich damit die Schwerpunktsetzung Jesu zugunsten des Weiblichen hin zum Männlichen verschoben hat, zeigt auch der Vergleich, den der Soziologe Anton Mayer angestellt hat: Im ältesten Evangelium des Markus kommt die Vatersymbolik für das Göttliche nur insgesamt viermal vor, die Malchut hingegen vierzehnmal, also dreieinhalbmal so häufig. Ganz anders im letzten Evangelium des Johannes, das erst sechzig bis siebzig Jahre nach Jesu Tod entstanden ist und eine eigene Theologie entwickelt hat. Hier ist nur noch zweimal (in einem Satz) von der Malchut die Rede, während der göttliche Vater gleich hundertviermal vorkommt. Hier wird eine Bewegung erkennbar von: »so wenig Vater wie nötig«, zu: »so viel Vater wie möglich«. Die weiblichen Lehren Jesu wurden demnach eindeutig ausgetauscht gegen männliche.

Aber selbst wo Jesus sich des Bildes des Vaters bedient, im Gleichnis vom verlorenen Sohn, malt er in Wirklichkeit das Bild einer Mutter. Schauen wir uns nämlich etwas genauer um im jüdischen, griechischen, römischen oder ägyptischen Kulturraum, so erkennen wir, dass seine Vision von einem Vater nicht das Geringste zu tun hatte mit der Wirklichkeit seiner Zeit. Ein Vater, der seinem heruntergekommenen Sohn entgegenläuft, ihn küsst und sofort neu einkleidet, für sein leibliches Wohl sorgt, statt Rechenschaft über den Verbleib des Geldes zu fordern und ihn zu fragen, wie er sich denn nun seine Zukunft vorstellt. – Ein Vater, der schließlich auch noch den Versuch unternimmt, den zu Hause gebliebenen Sohn mit seinem Bruder zu versöhnen, und ihn zur Feier ins Haus bittet. – Ein solcher Vater trägt alle Züge einer orientalischen Mutter.

Aber nicht nur das. Selbst das von Jesus für die Dimension des Göttlichen erstmals im Judentum benutzte Wörtchen »Abba« bedeutet nicht etwa »Vater«, wie alle Übersetzungen fälschlicherweise suggerieren. Es handelt sich hier vielmehr um einen kindlichen Lalllaut, eine Sprachform, deren sich der Säugling vor der eigentlichen Sprache bedient, wenn er sich vertrauensvoll in erster Linie der Mutter zuwendet und damit auf ihre zuverlässige Fürsorge reagiert. So soll mit der Abba-Anrede jenes grundlegende menschliche Urvertrauen ausgedrückt werden, das auf mütterliches Verhalten zurückgeht und schließlich in göttliche Dimensionen transzendiert wird.

In den seltensten Fällen sind Väter die Adressaten dieses früh-kindlichen Vertrauens, sind es doch weltweit die Mütter, die sich um kleine Kinder kümmern und die primären Kontakte zu ihnen unterhalten. Die Abba-Anrede führt uns demnach in eine Dimension der Wirklichkeit, die fast ausschließlich weiblich besetzt ist.

Dazu kommt auch noch, dass die einzelnen Buchstaben des Wortes – zweimal aleph und beth – im Hebräischen Alphabet als weibliche Buchstaben gelten. Folglich steht auch die Wortwurzel »ab« nicht im Zusammenhang mit Männlichkeit und Zeugung, sondern ähnlich wie der lateinische

Begriff »natura« im Zusammenhang mit »Gebärung« und kosmischer Weiblichkeit.[31]

Dazu passt auch, dass Jesus im Matthäus-Evangelium bei seinem Verhör erklärt, dass er nach seinem Tode – nicht etwa zum »Vater«, sondern – zur »dynamis«, wie es im griechischen Text heißt, zurückkehren werde. Auch hier die Verwendung eines Femininums zur Bezeichnung der göttlichen Kraft, der er sich anvertraute. Welches Wort Jesus in seiner aramäischen Muttersprache benutzt haben mag, wissen wir leider nicht, da die Urtexte – eigenartigerweise – verschwunden sind oder von der Kirche unter Verschluß gehalten werden.

Wenn wir abschließend auch noch berücksichtigen, dass das Neue Testament nur eine kleine Auswahl aus einer Fülle von Texten ist, die von Jesus und seinem Selbstverständnis im Umgang mit der Göttin berichten, dann verfestigt sich das hier gezeichnete Bild seiner Hinwendung zu weiblicher Transzendenz. In gnostischen Texten, die in unserem Jahrhundert der Wüstensand Oberägyptens wieder freigegeben hat, erscheint die Weisheitsgöttin auffallend häufig. Hier spricht Jesus auch von der »Ruah«, der Heiligen Geistin, als von seiner geistigen Mutter, die offenbar mit der ihn erwählenden Weisheit verschmolzen ist.

Im Einklang mit neutestamentlichen Texten heißt es hier, dass Jesus von der Ruah beziehungsweise Chochma als ihr Sohn anerkannt wurde. In Gestalt einer Taube, *dem* Symbol antiker Friedens- und Liebesgöttinnen, schwebt sie bei seiner Taufe auf ihn herab und nennt ihn ihren geliebten Sohn, an dem sie Wohlgefallen gefunden hat. Gnostisch-christliche Texte, die nicht ins Neue Testament aufgenommen wurden, fügen noch die Worte hinzu: »In allen Propheten erwartete ich dich, auf dass ich ruhe in dir; denn du bist meine Ruhe.« Dahinter wird die Vorstellung erkennbar, dass die Weisheitsgöttin schon lange darauf gewartet hat, einen männlichen Verkünder ihrer Weisheit zu finden, und nun bei Jesus zur Ruhe kommt.

Zu dieser Fülle weiblicher Symbolik gesellt sich auch noch eine ethische Lehre Jesu, die wiederum an weiblichen Werten ausgerichtet ist und nicht an männlichen. Sie hat ihre Vorläufer in der Weisheitsliteratur, an die Jesus nachweislich anknüpfte.[32] Da werden die Friedfertigen und Sanftmütigen, die Barmherzigen und Demütigen glückselig gesprochen und nicht etwa die kämpferischen, draufgängerischen Egoisten. Da wird fürsorglich liebevolles, verzichtbereites Verhalten als vorbildlich und heilsrelevant hingestellt, wie Frauen es seit Jahrtausenden praktiziert haben und wie es bis heute allein von ihnen vorrangig verlangt und erwartet wird. Jesus hatte sich hingegen mit diesen Verhaltensforderungen an das männliche Geschlecht gewandt. Frauen hatten solche Lektionen offenbar nicht nötig. Von ihnen hatte er sie ja gelernt.

Auf diesem Hintergrund erhärtet sich der Verdacht, dass diese umfassende Hinwendung Jesu zu weiblichen Werten und Dimensionen des Lebens der eigentliche Anlass für seine Verurteilung und Ermordung gewesen sein könnte. Schließlich ging der Trend des religiösen Establishments, das offenbar ein Interesse an seinem Tode hatte, in die entgegengesetzte Richtung: Jahwe allein sollte der HERR sein. Da waren ihnen die Zeloten, die mit Mord- und Terroranschlägen arbeiteten, allemal lieber als ein Verkünder der göttlichen Liebe und Barmherzigkeit.

In Anbetracht der umfassenden Präsenz weiblicher Kategorien in den Lehren Jesu dürfte es schwer – auf jeden Fall jedoch unredlich – sein, die christliche Göttin-Bewegung einfach in den Bereich des »heidnischen« Glaubens abzuschieben, wenn ihre Anhängerinnen selbst sich als Erbinnen einer verdrängten christlichen Überlieferung verstehen.

Gleichzeitig wird dabei aber auch deutlich, wie grenzüberschreitend, wie wahrhaft transzendent die Göttin-Symbolik ist. Sie hält sich nicht an die patriarchalen Einteilungen und Trennungen, Ausgrenzungen und Spaltungen, die in der christlichen Theologie von zwei Jahrtausenden so ungeheuer beliebt waren und die gleichzeitig so viel Unheil angerichtet haben.

An dieser Stelle sollten sich Frauen ihre Definitionsmacht nicht nehmen lassen und selbst entscheiden, ob sie ihren Glauben als »christlich« oder »heidnisch« verstehen wollen. Das eigentlich Revolutionäre wäre jedoch das Beharren auf dem – unter anderem – christlichen Hintergrund des Göttin-Glaubens als Teil einer langen Traditionsgeschichte. Dann würden die Grenzüberschreitungen noch offener zutage treten und die revolutionären Dimensionen einer weiblichen Symbolsprache könnten auch in offizielle Kanäle fließen und der nachfolgenden Generation weitergereicht werden.

Die psychologische Notwendigkeit der Göttin-Bewegung

Im Vergleich zur traditionellen Theologie erweist sich die Analytische Psychologie – selbst dort, wo sie von Männern ist – als aufgeklärter, wirklichkeitsnäher und folglich auch verständnisvoller für jenes Ereignis, das als »Wiederkehr der Göttin« verstanden wird. Hier wird nämlich bereits seit Jahrzehnten festgestellt, dass das Bild der Göttin in unserem Jahrhundert verstärkt in Träumen und Visionen aus den Tiefenschichten der menschlichen Seele aufsteigt.[33]

Mit folgenden Worten leitet der Analytische Psychologe, Edward Whitmont, sein Buch »Die Rückkehr der Göttin« ein: »Auf dem Tiefpunkt einer kulturellen Entwicklung, die uns in die Sackgasse eines wissenschaftlichen Materialismus, einer zerstörerisch wirkenden Technologie, des religiösen Nihilismus und der geistigen Verarmung geführt hat, ist ein äußerst erstaunliches Phänomen aufgetreten. In unserer

Mitte erscheint ein neues Mythologem und will in unser modernes Bezugssystem integriert werden. Es ist der Mythos der uralten Göttin, die einst vor dem Aufkommen des Patriarchats und der patriarchalen Religionen über Erde und Himmel herrschte. Die Göttin kehrt nun zurück.«[34]

Anders als von manchen Theologinnen wird diese Wiederkehr der Göttin hier nicht etwa als eine Folge weiblicher Identitätsunsicherheit oder unreifer Regressionswünsche gesehen, sondern als Wiederauftauchen eines verdrängten Archetyps, von dem nach Beobachtungen dieser Psychologinnen und Psychologen seit einiger Zeit weltweit insbesondere Frauen ergriffen werden.

Protestantische Theologen, die für dieses Geschehen am wenigsten sensibilisiert sind, wurden bereits vor Jahrzehnten von C. G. Jung scharf kritisiert wegen ihres (pseudo-)aufklärerischen Standpunktes. Der Anlass dieser Kritik war die päpstliche Verkündigung des vierten Mariendogmas (Assumptio).

Bei dieser Gelegenheit hat Jung eine wichtige und aufschlussreiche Kritik am Protestantismus formuliert. Er hat ihm vorgeworfen, dass »er die Zeichen der Zeit nicht versteht und das fortschreitende Wirken des Heiligen Geistes (der eine Heilige Geistin ist, C. M.) außer Acht lässt.«[35] Und weiter kritisiert Jung: »Er hat offenbar die Fühlung mit den gewaltigen archetypischen Entwicklungen in der Seele des Einzelnen wie der Masse und mit jenen Symbolen, welche die wahrhaft apokalyptische Weltlage zu kompensieren bestimmt sind, verloren. Er scheint einem rationalistischen Historismus verfallen zu sein und das Verständnis für den Heiligen Geist, der im Verborgenen der Seele wirkt, eingebüßt zu haben. Er kann daher eine weitere Offenbarung des göttlichen Dramas weder begreifen noch zugeben.«[36]

Auch nach einem halben Jahrhundert hat diese Kritik ihre Gültigkeit keineswegs verloren. Doch hat die Heilige Geistin seitdem offenbar weitere Fortschritte gemacht, denn das damals von Jung verteidigte Mariendogma einschließlich der Mariensymbolik werden inzwischen von Frauen als unzureichend empfunden für die Darstellung des Göttlich-Weiblichen.

Längst ist die drei- und vierfältige Göttin in das Bewusstsein von Frauen getreten, die mit den Jahreszeiten, mit dem weiblichen Lebenszyklus sowie mit den vier Elementen in Verbindung gebracht wird. So symbolisiert die Göttin nicht nur weibliche Tugenden und Fähigkeiten, sondern sie wird auch in ihrem furchtbaren Aspekt angenommen. Sie ist nicht nur die Leben Schenkende, die es nährt und erhält, sondern auch die Leben Verschlingende, die es immer wieder zurücknimmt, damit neues Leben Raum hat.

Ebenso ist sie die Zornige, die nicht alles gutheißt, was insbesondere Männer ihr antun, und damit auch den Widerstand von Frauen legitimiert und unterstützt.

Die Wiederkehr der Göttin vollzieht sich demnach im Zuge eines Paradigmenwechsels echter Ganzheitlichkeit. Sie erfüllt so eine eminent progressive, das Bewusstsein erweiternde Aufgabe und hat nicht das Geringste mit infantilen Regressionsmechanismen zu tun.

Auf dem Hintergrund einer jahrtausendelangen androzentrischen Einseitigkeit ist es nämlich nicht damit getan, Gottes- oder Göttin-Bilder einfach abzuschaffen oder auf ihre geschlechtliche Neutralisierung hinzuwirken. Vielmehr geht es darum, mit Hilfe dieser Bilder das bis zur Unkenntlichkeit abgewertete Weibliche zu rehabilitieren und zu erneuern. Eine Neutralisierung würde lediglich die kulturelle Unterbewertung des Weiblichen unsichtbar machen und traditionelle Muster unter geschlechtsneutralen Vorzeichen fortführen. Mit anderen Worten: Weiblichkeit als solche ganz abschaffen beziehungsweise sie weiterhin auf das vom Mann gesetzte Maß deformieren.

Stattdessen gilt es, die Geschlechterdifferenz auch im Bereich der Theologie zu thematisieren, und zwar aufgrund neuester Erkenntnisse und nicht etwa auf der Grundlage alter einseitig männlicher Ideologien, die mit der Wirklichkeit nichts zu tun haben. Nur so können schließlich traditionelle Ansätze überwunden und neue Sichtweisen gefunden werden.

Auf einer zunehmend breiter werdenden Ebene beginnen Frauen, ihre religiösen Bedürfnisse selbst durchzusetzen. Dieser Prozess bietet der traditionellen Theologie eine Chance, die monotheistische Fehlentwicklung, die Reduzierung des Göttlichen auf männliche Sprachbilder und Aspekte zu korrigieren. So verkehrt es nämlich ist, andere Religionen mit dem Maßstab des eigenen Religionsverständnisses zu messen, so falsch ist es auch, emanzipatorische weibliche, religiöse Empfindungen, Bedürfnisse und Erfahrungen mit der Messlatte einer männlich-patriarchalen – psychologisch überholten – Theologie messen zu wollen.

Wenn religiöse Vorstellungen den Bedürfnissen der Seele gerecht werden sollen, dann muss ihr auch die Freiheit der Wahl zugestanden werden. Dazu aber bedarf es in unserer pluralistischen Zeit der Offenheit für Vielfalt, denn in unterschiedlichen Phasen und Situationen des Lebens brauchen Menschen unterschiedliche religiöse Ausdrucksmöglichkeiten.

Nicht jedes Gottes- oder Göttin-Bild hat allen Menschen gleichermaßen etwas zu sagen. Das Bild von Gottvater wird wohl, wie schon erwähnt, kaum dazu angetan sein, von ihren Vätern vergewaltigten Mädchen und Frauen die Dimension des Göttlichen nahezubringen. Für Kinder dagegen, die mit einer misshandelnden Mutter aufgewachsen sind, bringt wiederum die Vorstellung einer Muttergöttin Schwierigkeiten mit sich. Wichtig ist daher allein, dass das jeweilige Bild die den seelischen Bedürfnissen angemessene Wirklichkeit symbolisch zu vermitteln vermag und daher offen und durchlässig bleibt für entsprechend unterschiedliche Möglichkeiten.

Die US-amerikanische feministische Theologin Carol P. Christ verweist in diesem Zusammenhang zu Recht auf die Macht, die religiöse Bilder und Symbole haben. Eine Macht, die zumeist auf der Ebene des Unbewussten wirksam ist. Dabei bezieht sie sich auf den Anthropologen Clifford Geerts. Nach seinen Aussagen wird durch religiöse Symbolsysteme ein kulturelles Ethos geformt, das die tiefsten Werte einer Gesellschaft und ihrer Mitglieder definiert. Geerts interpretiert folglich Religion als »ein System von Symbolen, die darauf hinwirken, mächtige, beherrschende und langandauernde ›Stimmungen und Motivationen‹ in den Menschen einer gegebenen Kultur hervorzurufen.«[37]

Unter »Stimmung« versteht Geerts »eine psychologische Haltung wie Ehrfurcht, Vertrauen, Respekt, während eine ›Motivation‹ die soziale oder politische Ebene ist, die von einer Stimmung geschaffen wird und die dann Mythos in Ethos verwandelt und ein Symbolsystem in soziale und politische Wirklichkeit umsetzt. Symbole haben sowohl psychologische als auch politische Wirkungen, weil sie die inneren Bedingungen schaffen (tiefsitzende Haltungen und Gefühle), die Menschen dazu bringen, sich in sozialen und politischen Gefügen, die mit dem Symbolsystem korrelieren, wohlzufühlen oder sie zu akzeptieren.«[38]

Weil aber die Religion eine solche Macht gerade über das Unbewusste der Menschen ausübt und nicht von rationaler Zustimmung abhängig ist, haben viele Frauen begriffen, dass sie es sich nicht länger leisten können, die Religion weiterhin in den Händen der (sie und ihren Glauben missbrauchenden) »Väter« zu belassen. Schließlich haben diese die religiösen Symbole auf ein einzig »legitimes« zu reduzieren versucht, das kaum mit der Wirklichkeit korrespondiert.

So ist es fraglich, ob Theologinnen und Theologen, die der Wiederkehr der Göttin mit Unverständnis und Abwertung begegnen, die wahre Macht der Religion überhaupt richtig einschätzen. Sie ignorieren nämlich, dass Frauen, die dem traditionellen Dogmen- und Symbolsystem entwachsen sind, dies nicht einfach ablegen können, ohne die so entstandenen Leerstellen neu zu besetzen.

Von einem Gefühl der Leere berichten viele Frauen, die sich ihrer Religion entledigt und dabei versäumt haben, das entstandene Vakuum neu zu füllen und der Seele neue Symbole im Austausch mit den alten, unbrauchbar gewordenen anzubieten. Dieser seelische Energieverlust lässt sich nur auffangen, wenn die verworfenen Symbole durch Gegenbilder ersetzt werden.

Dies geschieht zu Recht durch Bilder, die Frauen nicht länger auf Männlichkeit fixieren, sondern die ihnen die eigenen Kräfte und Fähigkeiten vor Augen führen. Das Visualisieren neuer Bilder von Weiblichkeit enthält die Möglichkeit echter Neuwerdung. Ohne sie verbleiben Frauen in den patriarchalen Strukturen und Vorstellungsmustern, und zwar auch dann, wenn sie eine Gegenposition beziehen, die nur allzu häufig Ausdruck einer solchen Fixierung ist.

Zum ersten Mal in der Geschichte des Christentums sind Frauen heutzutage frei, die traditionellen Bilder und Symbole abzulegen, sie für sich zu modifizieren oder aber ganz andere Bilder an ihre Stelle zu setzen, ohne dafür den Scheiterhaufen fürchten zu müssen. Doch just in diesem Augenblick zerbröckelt bei vielen Frauen das Verständnis für die psychische Notwendigkeit von weiblichen Bildern und Symbolen. Ich nenne als Beispiel für diesen Trend Susanne Heine, Dorothee Sölle, Mary Jo Weaver, aber auch Alice Schwarzer, Christina Thürmer-Rohr.

Hinter dieser Unzugänglichkeit verbirgt sich möglicherweise eine Angst vor Neuem; denn bei der von Frauen heraufbeschworenen »Göttin-Dämmerung« geht es ja nicht einfach um einen »personalen Austausch« der Geschlechter auf metaphysischer Ebene, sondern letztlich um ein anderes Weltbild. Schließlich bringt die Frage nach der Göttin die tiefsten Schichten weiblicher Unterdrückung ans Tageslicht und zeigt zugleich, wie vielschichtig sich weibliche Emanzipation gestalten muss, um auch eine seelische Tiefenbefreiung bewirken zu können. Nur letztere kann den Anspruch auf Radikalität erheben. Nur sie geht an die Wurzeln weiblicher Unterdrückung, ohne Frauen von ihren eigenen Wurzeln abzuschneiden.

Sich der Göttinnen-Symbolik zu erinnern, bedeutet:

1. Sich patriarchaler Erinnerungs- und Wahrnehmungsverbote zu entledigen und sich zu sensibilisieren für eine weibliche Weltsicht.
2. Als Frau eine eigene Geschichte und Tradition wiederzugewinnen und männliche Geschichts- und Glaubensdogmen in Frage zu stellen oder ganz abzulehnen.
3. Mit der Dimension der Göttin eigene Definitions- und Seinsmacht zurückzugewinnen und weiblichen Selbstausdruck zu fördern.
4. Sich des Weiblichen als Ursprung des Lebens und damit der eigenen Schöpfungskraft und -macht wieder bewusst zu werden.
5. Im Zuge dieser Bewusstwerdung männliche Machtansprüche über das Leben als Anmaßung zu erkennen und zurückzuweisen.
6. Weiblichkeit als etwas zu erfahren, das eine metaphysische oder auch göttliche Verankerung hat, die in der patriarchalen Religion nur dem Männlichen vorbehalten ist.
7. Als Frau die Chance zu haben, eine eigene religiöse Sprache zu finden und Bilder machtvoller Weiblichkeit zurückzugewinnen.

Die Hinwendung oder Rückkehr zur Göttin ist also durchaus als progressiver Akt zu verstehen, der von traditionellen frauenfeindlichen und unterdrückerischen Vorstellungen befreit und Frauen weibliche Formen des Spirituellen eröffnet. So jedenfalls erleben es Anhängerinnen der Göttin-Bewegung, die sich weigern, auf spirituelle Dimensionen deshalb zu verzichten, weil Männer sie für ihre Zwecke besetzt und missbraucht haben.

Sozial-ethische Notwendigkeiten

Religiöse und theologische Fragestellungen haben immer auch sozial-ethische Voraussetzungen und Implikationen, die weitere Fragen aufwerfen, wie ich sie zu Beginn dieses Kapitels formuliert habe. Es sind Fragen, die innerhalb der traditionellen Theologie selbstverständlich nicht gestellt werden.

Durch ihre Beschäftigung mit der Göttin stoßen Frauen auch auf die Frage nach dem Wert, den ihre Kultur und Gesellschaft weiblichen und männlichen Dimensionen des Lebens beimisst. Immerhin gilt ja das Göttliche ganz generell als der höchste Wert einer Kultur. Dieser aber ist in unserer Religion eindeutig männlich besetzt. Folglich gilt bis heute alles, was Männer denken, sagen, schreiben und tun als wertvoller und bedeutsamer als entsprechende Beiträge von Frauen.

So erscheint es auf diesem Hintergrund nur logisch, wenn in Knaben mehr investiert wird als in Mädchen – und zwar in finanzieller ebenso wie in emotionaler Hinsicht. Ebenso logisch aber ist es bei dieser Weichenstellung auch, dass Männer wesentlich mehr Raum und Ressourcen beanspruchen als Frauen. Will eine Frau ihre Ansprüche und ihren Wert steigern, so benötigt sie dazu den Mann.

Dem sozio-kulturellen Wertträger Mann fehlt es allerdings an einer sozial-ethischen Basis. Schauen wir uns nämlich einmal die ethischen Werte des Humanismus an, die überwiegend der weisheitlichen und jesuanischen Ethik entstammen, so wird eine eigenartige Umkehrung sichtbar. Tugenden wie Mut und Weisheit, Demut und Klugheit, Einsicht und Gerechtigkeit, Liebe und Friedfertigkeit, Geduld und Mäßigkeit, Güte und Wahrheit, Sanftmut und Barmherzigkeit korrespondieren weitaus stärker mit weiblichen als mit männlichen Verhaltensmustern.

Die Ursachen und Hintergründe dieser Geschlechterdifferenz wurden bereits an anderer Stelle diskutiert.[39] Erstaunlich ist nur, dass der reale Anteil der Geschlechter an ethischen Forderungen und Verhaltensweisen dem Wertempfinden beider Geschlechter kaum bewusst ist.

Sind im Patriarchat die Männer als Wertsetzer in einer Vormachtstellung, so sind sie es auch als Wertbrecher. Ob es sich nun um Verkehrsregeln oder ungeschriebene Verhaltensregeln, Rechts- oder Sozialnormen, um Höflichkeit oder Menschlichkeit handelt, Männer verstoßen auffallend häufiger gegen sie als Frauen. Das zeigt sich nicht nur in den Kriminalstatistiken, in denen der männliche Anteil an der Gesamtkriminalität den weiblichen um ein Vielfaches übersteigt. Nur 3,7 Prozent der Strafgefangenen von Nordrhein-Westfalen sind Frauen. Ähnliche Zahlen gelten auch für andere Bundesländer und Nachbarländer – und das, obwohl die Bestrafung rechtsbrüchiger Frauen im Hinblick auf ähnliche Straftaten zumeist wesentlich härter ausfällt, wie feministische Juristinnen aufgedeckt haben.

Der im Vergleich zur Frau fünfundzwanzigfach stärkere Hang des Mannes zu kriminellem Verhalten hat Vorläufer, die in allen pädagogischen Einrichtungen beobachtet werden können. Ob in Kindergärten oder Schulen, Heimen oder Universitäten, Mädchen und Frauen verhalten sich rücksichtsvoller und kooperationsbereiter als Knaben und Männer. Die Verhaltensstörungen der Jungen übersteigen jene der Mädchen um ein Vielfaches. Der Jungen-Anteil liegt daher in den entsprechenden sozialen Einrichtung bei rund achtzig Prozent.[40]

Auf dem Hintergrund dieser Fakten wirken der Mythos von der sündigen Eva sowie die männliche Philosophie und Theologie vom »sündhaften« (weiblichen) Geschlecht wie Hohn. Mit der Wirklichkeit konfrontiert, werden sie als Verkehrung derselben in ihr genaues Gegenteil durchschaubar. Dennoch aber haben diese männlichen Sichtweisen bis heute ihre Wirkung noch nicht eingebüßt. Frauen und Männer, Mädchen und Knaben sind davon überzeugt, dass der Männlichkeit ein höherer Wert zukommt, dass Knaben und Männer mehr Aufmerksamkeit verdienen als Mädchen und Frauen und ihnen folglich ein größeres Anrecht auf die Durchsetzung ihrer Bedürfnisse zusteht. Was Männer sagen und tun erhält von vornherein mehr Gewicht, und das nicht, weil es sachlich besser wäre, sondern einfach weil sie Männer sind.

Dieses Wertedilemma scheint mir aufs engste verknüpft mit dem patriarchalen Gottesbild, mit der einseitigen Vermännlichung des Göttlichen, die wiederum zu einer Vergöttlichung des Männlichen führt – zumindest in unseren Vorstellungen.

An dieser Stelle müssen sich Theologinnen und Theologen, die an einem HERRN und Vatergott festhalten und gleichzeitig den Glauben an die Göttin verketzern, die Frage nach dem Realitätsbezug ihrer Gotteslehre gefallen lassen. Mit welchem Recht und auf welcher Grundlage besetzen sie die Dimension des Göttlichen einseitig männlich und ignorieren damit den Wert des Weiblichen für die menschliche Gemeinschaft und Gesellschaft? Wie kommen sie dazu, die reale Wertigkeit der Geschlechter dermaßen auf den Kopf zu stellen?

Weibliche Symbolisierungen des Göttlichen haben gegenüber dem liebenden, fürsorgenden und barmherzigen Vatergott den Vorteil, dass sie auch mit der sozialen Wirklichkeit besser übereinstimmen. Diese realistischer wahrzunehmen und biophile, lebensfördernde Haltungen als primär weiblich anzuerkennen, wäre zwangsläufig die Folge.

Damit aber würde auch deutlich, dass die für viele Frauen so typischen Minderwertigkeits- und Schuldgefühle nicht primär aus ihrem Sosein resultieren, sondern dass sie die Folge eines männlichen Welt-, Gottes- und Menschenbildes sind, dem es von Anfang an um die Abwertung des Weiblichen ging.

Auch dem überwiegend defizitären Körpergefühl von Frauen können weibliche Symbolisierungen entgegenwirken. Von mehreren Reisen nach Anatolien »Auf den Spuren der Göttin«[41] kenne ich die Reaktionen von Frauen auf die Begegnung mit Göttinnen-Skulpturen und Bildern aus dem Neolithikum, die in diesen Frauen ungemein viel bewirkt haben.

Das gleiche gilt für die Erkenntnis, dass weibliche Macht durchaus etwas Positives sein kann und keinesfalls auf das reduziert werden darf, was wir in dieser Hinsicht bei unseren eigenen Müttern erlebt haben. Besteht doch eine der wesentlichen Funktionen, die Bilder des Göttlichen erfüllen, darin, dass sie uns helfen, nicht nur unsere persönliche Situation aufzuarbeiten, sondern sie auch zu transzendieren, über sie hinauszuschreiten. Nur so können wir in für uns neue Dimensionen des Erlebens und der Weltdeutung hineinwachsen. Wir brauchen daher eine Vielfalt von Bildern des Göttlichen, da nur sie unserer inneren und äußeren Welt gerecht wird.

Was meinen Frauen heute, wenn sie von der Göttin reden?

In Beantwortung dieser Frage möchte ich Frauen der Göttin-Bewegung selbst zu Wort kommen lassen. An authentischen Beispielen soll deutlich werden, dass es sich hier um eine durchaus aufgeklärte religiöse Bewegung handelt, die weder männlichen Weiblichkeitsklischees auf den Leim geht noch einer naiven und »primitiven« Glaubensform huldigt.

Für viele Frauen ist der Zugang zur Göttin am Anfang dadurch erschwert, dass sie nicht begreifen, dass es sich hier nicht um einen schlichten Austausch der Metapher »Gott« handelt. Ihre Schwierigkeit zu begreifen, was mit der Göttin gemeint ist, beschreibt eine Frau folgendermaßen:

Ich habe Theologie studiert
und Prüfungen abgelegt.
Trotz eifrigen Studierens
habe ich aber nie verstanden,
was Gott, was das Göttliche sein soll.
Ich war misstrauisch gegen das,
was ihr die Göttin nennt,
und jetzt spüre ich
Wind und Wasser auf meiner Haut,
ich spüre die Kraft der Erde unter mir,
sehe das Feuer und begreife endlich,
wenn ihr sagt, wir sind die Göttin
und die Göttin ist in uns:
Ich selbst bin zusammengesetzt
aus den gleichen Elementen,
mein Körper ist die Erde,
ist Diana,
mein Verstand ist Luft,
ist Hera,

die Gefühle meiner Seele sind Wasser,
sind Tiamat;
und meine Wachstumsimpulse,
mein Antrieb sind Feuer,
sind Lucia.
Alles, was lebt,
ist aus denselben Elementen zusammengesetzt.
Ich hänge mit allem zusammen,
was lebt.
Was ich mit dem Verstand nie verstanden habe,
begreife ich jetzt in diesem Augenblick
mit allen meinen Sinnen.[42]

Die Göttin als Symbol dessen, was ist, das allerdings immer wieder neu erkannt und benannt werden muss, um auch in unserem Bewusstsein präsent zu sein. Nur weil Menschen sich die lebensnotwendige – und daher wahrhaft göttliche – Bedeutung von Erde, Wasser, Luft und Feuer nicht immer wieder bewusstmachen, gehen sie das Risiko ein, sie selbst zu missbrauchen, zu verschmutzen und zu zerstören oder andere nicht daran zu hindern. In Wirklichkeit brauchen wir die Elemente wesentlich dringender zum Leben als einen HERRN im Himmel, denn dass die missbrauchten Elemente auch uns zu vernichten drohen, steht längst außer Frage.

Als Naturerscheinung transzendiert die Göttin das konkrete weibliche Geschlecht und spiegelt die Erfahrungen der Menschheit mit der »Mutter Erde«, der »Mutter Natur« oder auch mit der kosmischen Mutter, die sich nicht nur als Liebende, Schenkende und Unterstützende, sondern auch als Fordernde und auf Fehlhaltungen entsprechend Reagierende zeigt.

Dennoch hat sie keine Ähnlichkeit mit den traditionellen Transzendenzvorstellungen der Theologen, denn die Göttin wird nicht im Jenseits irdischer und kosmischer Wirklichkeit imaginiert. Sie ist diese selbst und will als solche ernstgenommen werden. Wo das nicht geschieht, treten die Folgen immer deutlicher zutage.

So ist die Göttin für Carol Christ das »Symbol des Lebens, des Todes und der Wiedergeburtsenergien in Natur und Kultur, in persönlichem und gemeinschaftlichem Leben«.[43] Gleichzeitig ist sie aber auch »Symbol der Bejahung der Legitimität und Schönheit weiblicher Macht (ermöglicht durch die neue Seinswerdung von Frauen in der Frauenbewegung)«.[44]

Im Weltbild der Göttin werden Verunglimpfungen des weiblichen Körpers, der Natur und andere Dimensionen, die im patriarchalen Weltbild eine Abwertung erfahren haben, zurückgenommen. So wird die Göttin zum Symbol einer biophilen, das Leben liebenden matriarchalen Haltung. Darin sind sich die Vertreterinnen der Göttin-Bewegung einig. Unter ihnen auch Gerda Weiler. Für sie ist die Göttin eine »Metapher für ein Weltbild, in dessen Zentrum der Wiedergeburtsgedanke und der Glaube an die Kraft des weiblichen Blutes steht, Metapher für die Vollmacht des Weiblichen, den Tod zu überwinden ... Der Tod (aber) ist weder böse noch das Nichts, er ist der andere Pol des Daseins, Durchgangsstufe zu neuem Leben.«[45]

Und so wird die Göttin zum Symbol eines polaren, nichtdualistischen Denkens, »Metapher für die Weisheit, dass polare Spannungen die Voraussetzung für Leben sind ... Metapher für den rücksichtsvollen Umgang mit anderen Menschen, für die Achtung vor anderen Völkern und vor der Natur ... für die Bereitschaft ... die Überzeugungen anderer zu respektieren, andere Lebensformen gelten zu lassen, jeden Versuch von Mission zu unterlassen« und die lebendige Vielfalt zu akzeptieren, die Basis für jegliches Leben – und Überleben – ist.[46]

In diesem Vorstellungsrahmen erhält das Bild der Göttin auch eine politische Funktion, die für viele Frauen immer mehr an Bedeutung gewinnt. Das zeigen die folgenden Worte Gerda Weilers: »Ich brauche die Göttin: Sie gibt mir den Mut, das patriarchale Bewusstsein mit einem eigenständigen weiblichen Gegenbild zu konfrontieren. Sie entzieht dem männlichen Herrschaftsanspruch die Legitimationsgrundlage und relativiert das patriarchale Weltbild. Sie beflügelt die Kreativität von Frauen, macht Mut zur Einmischung in die Patriarchatskultur, gibt ihnen die Kraft, das einseitig männliche Weltbild zu transformieren.«[47]

Eine ähnliche Funktion hat die Göttin für die US-amerikanische Künstlerin Mary Bath Edelson. Sie spricht »von den politischen ›Motivationen‹, die durch die Göttin ausgelöst werden. ›Die vorherrschenden archetypischen Symbole des Weiblichen entfalten sich heute in der Psyche von Jederfrau. Sie umfassen viele verschiedene Formen der Großen Göttin. Wir greifen über Jahrhunderte hinweg und fassen die Hände unserer alten Schwestern. Die Große Göttin steht lebendig und heil auf, um den Patriarchen anzukündigen, dass ihre 5000 Jahre um sind – Halleluja! Hier kommen wir.‹«[48]

Wie folgenreich die Heraufbeschwörung des Bildes der Göttin sein kann, wurde an der protestantischen Theologin Elga Sorge deutlich, die aufgrund ihres Göttin-Glaubens ihren kirchlichen Arbeitsplatz verlor. Sie sagt in einem Vortrag: »Ich brauche die Göttin, weil ich sie bin. Ich brauche sie, weil ich mich selbst brauche. Meine eigene Kraft, mein wahres Selbst, für dessen Entfaltung und Heiligung ich selbst verantwortlich bin, nicht irgendein Gott, nicht irgendein Mann. Mein Selbst, das ich niemals verleugnen darf, um zum Beispiel mein Kreuz auf mich zu nehmen oder einem Gott zu gehorchen, der den Männern erlaubt, über die Natur so wie über mich zu verfügen... Ich bin die Göttin als Teil der kosmischen Wirklichkeit. In meiner feministisch-theologischen Arbeit ist das vielschichtige Sinnbild der Göttin für mich subjektiv und objektiv unentbehrlich geworden ... Dies merke ich gegenwärtig daran, wie allergisch, wie aufgeregt und erregt, auch im positiven Sinn, meine Kolleginnen und meine Kollegen auf dieses Symbol reagieren. Ich habe da offenbar eine Quelle angezapft, von der man mich mit allen möglichen tollen Theorien, Rationalisierungen und Theologisierungen fernhalten will. So ist die Göttin für mich zum archimedischen Punkt der Erkenntnis von Wahrheit geworden und spirituell so etwas wie der Heilige Gral, das Reich der Himmel – ein Symbol der Ursprungskraft, die ich lange auch außen suchen mag, aber nur in mir finden kann ...«[49]

Wie bereits erwähnt, ist die Göttin auch eine Personifizierung des matriarchalen Weltbildes. Denn mit der Zulassung und Heraufbeschwörung des Göttin-Bildes beginnen Frauen, das matriarchale Bewusstsein in sich zu stärken und eine neue Lebenshaltung einzunehmen.[50] Auf diese Weise tragen sie dazu bei, das patriarchale Seins- und Selbstverständlichkeitsgefüge aufzulösen und den allseits heraufbeschworenen Paradigmenwechsel voranzutreiben.

Hierzu noch einmal Gerda Weiler, die schreibt: »Ich brauche die Erinnerung an die Göttin ... Ob wir Frauen eine Vergangenheit haben, unsere Geschichte und matriarchale Religion wiederentdecken, beeinflusst unser Selbstbewusstsein, unsere Befindlichkeit in dieser Welt hier und heute. Welche Schöpfungsmythen wollen wir unseren heranwachsenden Töchtern erzählen, wenn wir die Göttin des Ursprungs vergessen? Wie wollen wir die integrierende Kraft der Liebe wiederentdecken ohne die Erinnerung an die Göttin?«[51]

Auch Carol Christ hebt die Frauen stärkende und miteinander verbindende Kraft der Göttin-Symbolik hervor und verweist auf folgende Bedeutungsmöglichkeiten:

Die Göttin als
- Bejahung weiblicher Macht,
- des weiblichen Körpers,

- des weiblichen Willens und
- der Verbundenheit zwischen Frauen sowie
- des Erbes von Frauen.

So wird das Bild der Göttin zum auslösenden Moment für das Gewahrwerden eigener Potentiale, eigener Liebes- und Erkenntnisfähigkeit: »Ich fand Gott in mir und liebte sie heftig.«[52]

Im traditionellen Christentum dürfen nur Mann und Kinder die Liebesgefühle einer Frau auslösen, niemals aber etwas, das sie in sich selbst findet. So vermag das Bild der Göttin nicht nur weibliches Selbst-Bewusstsein zu stärken, sondern auch das Beziehungsgefüge von Frauen zu verändern. Ein Aspekt, den eine Reihe von Frauen bereits erfahren haben.

Nach Aussage der wohl bedeutendsten Vertreterin der Göttin-Bewegung, Starhawk, ist die Göttin offensichtlich in der Lage, das Innen *und* Außen von Frauen zu verändern, wird sie doch beiden Bereichen zugeordnet. »Wenn ich mich schwach fühle, ist sie (die Göttin) jemand, der mir helfen und mich beschützen kann. Wenn ich mich stark fühle, ist sie das Symbol meiner eigenen Macht. Zu anderen Zeiten fühle ich sie als natürliche Energie in meinem Körper und in der Welt.«[53]

Wenn aber das Bild der Göttin Frauen zu einer eigenen Weltsicht zurückkehren lässt, dann eröffnet es ihnen auch neue Werte – eine weibliche Ethik und mit ihr eine Rückkehr zu eigenen Maßstäben.

Drei patriarchale Tabus gegen das Weltbild der Großen Göttin

Wir leben gegenwärtig in einer religionsgeschichtlich höchst interessanten Epoche. Wir Frauen sind Zeuginnen und Agentinnen einer Göttin-Dämmerung, wie sie in Jahrtausenden nicht mehr möglich war. Die Göttin-Literatur wächst. Göttin-Bilder und -skulpturen erfreuen sich großer Beliebtheit. Und selbst in der tiefenpsychologischen Literatur wird die »Rückkehr der Göttin« (Whitmont) heraufbeschworen.

Wer sich heute jedoch mit diesem Thema befasst, berührt die wohl stärksten Tabus des jüdisch-christlichen Glaubens:

1. das Bilderverbot,
2. die Leugnung des Göttlich-Weiblichen,
3. das Verbot, mehr als einen Gott zu verehren.

Alle drei Tabus rühren an jene Dimension unserer Geistes- und Religionsgeschichte, die im jüdisch-christlichen Glauben am stärksten verdrängt wird. Gekrönt wird diese Verdrängungsgeschichte mit der Behauptung, sie stelle eine »geistige Errungenschaft« dar. In dieser Auffassung sind sich konservative und fortschrittliche Theologenkreise einig. Hier denkt niemand daran, auch nur eines der drei Tabus in Frage zu stellen, bedeuteten sie doch eine unschätzbare Hilfestellung beim Ausbau männlicher Macht.

Die Tabus zeigen bis heute ihre zerstörerischen Wirkungen, die gar nicht hoch genug eingeschätzt werden können. Sie sind aufs Engste verbunden mit

- Frauenunterdrückung und der rigorosen Verdrängung weiblicher Dimensionen des Lebens,
- Naturzerstörung und der Verdrängung der wahren Bedeutung natürlicher Kräfte,
- einer Verherrlichung des abstrakten Denkens, das immer weniger im Einklang steht mit der Wirklichkeit,
- einem mannzentrierten-absolutistischen Denken, das nicht nach weiblichen Vorstellungen und Erkenntnissen fragt.

Schauen wir uns also jene Tabus der Reihe nach an, die für die drei Buch- und Offenbarungsreligionen (Judentum, Christentum und Islam) von so eminenter Bedeutung sind.

1. Tabu: »Du sollst dir kein Bildnis machen...«

Der Kampf des Wortes gegen das Bild

Dies Verbot hat für viele Frauen auch heute noch etwas Verbindliches, richtet es sich doch nach ihrem Verständnis gegen jegliche Fixierung des Göttlichen auf ein bestimmtes Bild oder Geschlecht. Sie glauben daher, es könne der männlichen Einseitigkeit entgegenwirken, und heben seinen progressiven Charakter hervor – wie Theologen es sie gelehrt haben. Endlose Predigten und Abhandlungen hämmerten ihnen die fundamentale Bedeutung und Sinnhaftigkeit dieses »göttlichen« – zumindest aber männlichen – Verbotes ein. Damit aber waren auch ihre Schwierigkeiten vorprogrammiert, die sie mit dem plötzlichen, für sie befremdlichen Boom an Göttinnen-Skulpturen, -Darstellungen, und -Thematisierungen haben. Er erscheint ihnen als Rückfall in ein »primitives Heidentum«. – Auch das haben sie gelernt.

An dieser Stelle aber wird Frauen die wunderbare Fähigkeit, alles, aber auch wirklich alles, mit einem tieferen Sinn ausstatten zu können, zum Verhängnis. Sie verleihen dem Verbot eine Bedeutung, die ihm ursprünglich nicht zukam. Damit legitimieren und verewigen sie jedoch gleichzeitig ihren eigenen Untergang – richtete sich doch das Bilderverbot primär gegen ihr ureigenstes matriarchales Weltbild, das einst im Bild der Großen Göttin seinen Ausdruck fand.

Dieser Zusammenhang erschließt sich aber erst, wenn wir das Verbot und seinen Hintergrund einer genaueren Analyse unterziehen. Bezeichnenderweise kennen jene, die sich darauf berufen, das Verbot in seinem vollen Umfang und eigentlichen Wortlaut nur selten:

»Du sollst dir kein Bildnis noch irgendein Gleichnis machen, weder des, das oben im Himmel, noch des, das unten auf Erden, oder des, das im Wasser unter der Erde ist. Bete sie nicht an und diene ihnen nicht, denn ich, der Herr, dein Gott, bin ein eifersüchtiger Gott« (Ex 20,2–5).

Das Verbot selbst klärt uns auf über seinen Bedeutungshintergrund, liefert es uns doch das Motiv des HERRN gleich mit. Und das wiederum zeigt: Es war keine liebende Besorgtheit um das Wohlergehen der Menschen, das ihn Bilder verbieten ließ, sondern ausschließlich seine Besorgtheit um sich selbst und seine alleinige Verehrung. Der HERR ist eifersüchtig auf seine Konkurrenz, womit er sich allerdings in die von ihm bekämpfte Reihe der Götzen einordnet. Denn: »Jeder Götze ist auf seinen Nebenbuhler eifersüchtig...«[1]

Die Konkurrentinnen und Konkurrenten des Herrn

Wer aber verbirgt sich hinter der Konkurrenz des HERRN? Der Text sagt es uns ganz klar: der Himmel, die Erde und die Meere. Offensichtlich wurden sie von den Menschen besonders verehrt – wenn auch nicht als Schöpfungen des HERRN, sondern als Manifestationen der einen Großen Göttin in vielen Gestalten. Gegen sie trat der HERR in Konkurrenz und muss dabei nur allzu häufig seine Unterlegenheit zu spüren bekommen und dabei geahnt und erlebt haben, dass er gegen sie in ihrer allgegenwärtigen Präsenz und Beliebtheit nicht ankommt.

Anders sind seine Ängste nicht zu erklären, die sich auch in dem ihm eigenen Absolutheitsanspruch offenbaren. So liegt es auf der Hand, dass es sich bei jenen Bereichen, für die das Bilderverbot ausgesprochen wird, um die wichtigsten Aspekte der Großen Göttin handelt. Denn die Menschen verehrten die Göttin als Herrin des Himmels und der Unterwelt, als Meeresgöttin und als Mutter Erde. Ihr wurde mit dem Bilderverbot der Kampf angesagt, um mit seiner Hilfe die jahrtausendelangen religiösen Erfahrungen der Menschen, die der Existenz eines allmächtigen Männergottes widersprechen, auszulöschen.

Auch dem Volk des HERRN war die Große Göttin vertraut. Schließlich hatte es einige Jahrhunderte in Ägypten verbracht, wo der Himmel und das Land ebenso wie das Meer im Zeichen der Großen Göttin verehrt wurden.

Nut ist eine ägyptische Göttin, auf die die Beschreibungen im Bilderverbot genauestens passen: Ihr Leib ist das Himmelsgewölbe, aus dem die Gestirne geboren werden und in das sie mit ihrem Untergang wieder zurückkehren. Daher ist sie auch die Unterwelt, die alles, was sie hervorgebracht hat, wieder zurücknimmt. So auch den Menschen nach seinem Tode.

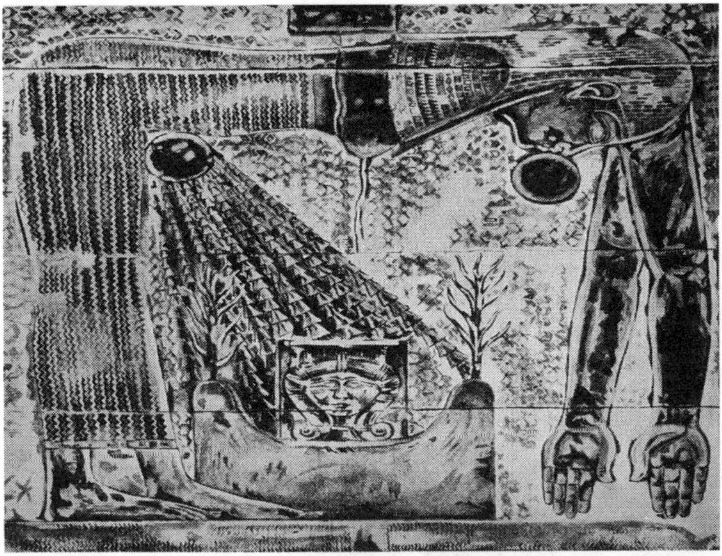

Darstellung der ägyptischen Göttin Nut, Hathor-Tempel, Dendera.

Sargdeckel, Sarg und Grab wurden in Ägypten als »Nut« bezeichnet. Die Särge wurden als weiblicher Körper geschnitzt, so dass die Toten in den Armen der Göttin ruhen konnten. Zudem waren sie innen blau und mit goldenen Sternen ausgemalt, so dass klar war, in wessen Leib die Toten gebettet wurden. Von Nut heißt es, dass sie den Toten die Himmelstür öffne, denn sie selbst ist der Himmel, den auch der Sarg an seiner Innenseite abbildet.

Nach alt-ägyptischer Vorstellung leuchten die Seelen der Verstorbenen am Himmel als Sterne auf und reihen sich somit ein in den kosmisch-ewigen Kreislauf von Werden und Vergehen. Von dort kehren sie in den Leib einer Frau zurück, um auf Erden wiedergeboren zu werden.

In einem Text aus römischer Zeit spricht Nut zu den Toten: »Deine irdische Mutter hat dich zehn Monate getragen. Ich trage dich eine unbestimmte Zeit. Ich werde dich nie gebären.«[2] In späterer Zeit scheint der Wunsch der Menschen

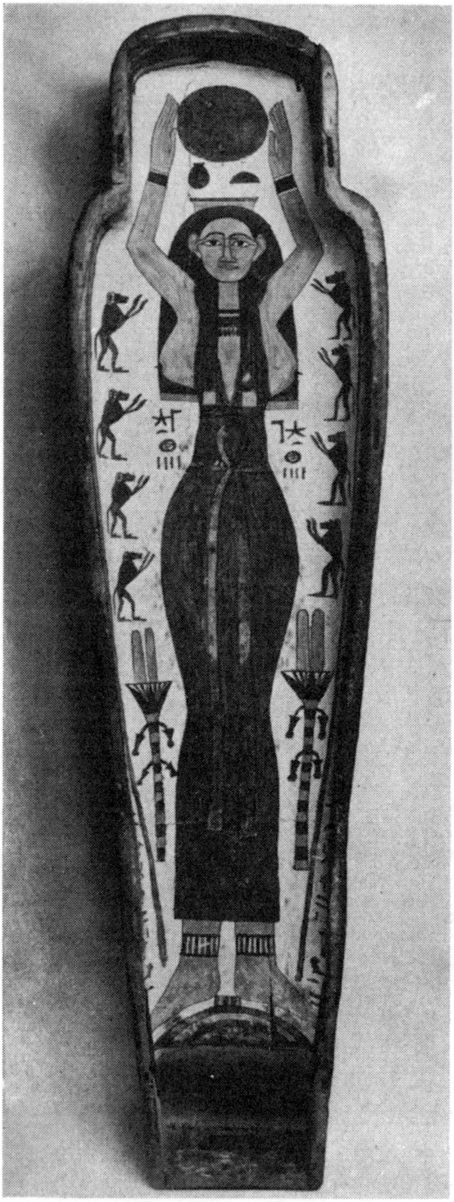

Darstellung der ägyptischen Göttin Nut im Inneren eines Sarkophages.

im Vordergrund zu stehen, für immer eine Bleibe bei Nut gefunden zu haben und von ihr beschützt zu sein.

Als Herrin des Himmels war sie der Himmel selbst ebenso wie der Himmelsozean. Ihm begegnen wir später im biblischen Schöpfungsbericht als »obere Wasser«. (Die »unteren Wasser«, die Tiefen der Urflut, aber sind dort in dem Wort »tehom« erhalten geblieben, das sich von der babylonischen Meeres- und Ursprungsgöttin Tiamat ableitet.)

In ihrer Erscheinung als weibliche Gestalt bot die Himmelsgöttin Nut – wie auch ihre Schwester Hathor – den Ägypterinnen und Ägyptern »eine Möglichkeit, die Bewegungen der Himmelskörper in einem organischen Zusammenhang zu begreifen, der an ... (ihre) irdischen Erfahrungen anknüpfte«.[3] Das Bild der Göttin basiert also auf der von Menschen erlebten Wirklichkeit, wie sie sich ihnen Tag für Tag und Nacht für Nacht in der Natur und im Kosmos offenbarte.

So könnten wir ihr Bild als eine konstruktive Projektion verstehen, die menschliches Erleben von Kosmos und Natur, von Leben und Tod, von Werden und Vergehen in überwiegend weibliche Bilder umsetzt. Naturkräfte und -erscheinungen waren ein Abbild des in ihnen wirkenden Göttlichen – nicht nur in weiblicher Gestalt. Denn an der Seite der Großen Göttin wurde im Laufe der Zeit auch die männliche Potenz verehrt – häufig in Gestalt eines Stieres.

Wie symbol- und religionsgeschichtliche Studien zeigen, wurde auch Gott der HERR ursprünglich als Stiergott verehrt – wenn auch spätere Prophetengenerationen nichts mehr davon wissen wollten. Stattdessen legt die jüdische Tradition zunehmend Wert darauf, ihn von Anfang an als einen Gott des Wortes und der Bildlosigkeit neu zu erfinden und dem Volk zu verkünden.

Wie sehr auch das israelische Volk die Himmelskönigin verehrt hatte, erfahren wir durch den Propheten Jeremia. Wie er berichtet, wurden ihr während eines Aufenthaltes in

Stierkopf aus Ur. Im alten Orient weit verbreitete Gottesdarstellung.

Ägypten Kuchen gebacken – sehr wahrscheinlich in Gestalt ihrer eigenen Symbole: als Sonne, Mond und Sterne. Unsere Weihnachtsbäckerei wäre demnach ein verbliebener Rest ihrer kultischen Verehrung – auch wenn wir es nicht mehr wissen. Das Volk aber wurde damals von Jeremia – auf Geheiß des HERRN – mit Ausrottung bedroht, falls es auch weiterhin an der kultischen Verehrung der von ihm geliebten Göttin teilnehmen sollte...

Doch diese Ausrottung fand nie statt. Knapp zweihundert Jahre nach ihrer Flucht vor den babylonischen Truppen nach Ägypten finden wir dort immer noch Zeugnisse von ihrer Existenz. Jüdische Priester schreiben an ihre Regierung in Jerusalem und bitten um Geldmittel für einen Tempel, den sie »für Jahwe und seine Aschera« bauen wollen. – Von Monotheismus noch keine Spur.

Das »göttliche« Wort als männliche Ideologie

Ein anderer Teil des israelitischen Volkes war in die babylonische Gefangenschaft verschleppt und dort mit einem Pantheon von Göttinnen und Göttern konfrontiert worden. Aber auch mit Schöpfungsmythen, die von ihren Priestern später verarbeitet wurden. Aus der Gefangenschaft zurückgekehrt, macht sich eine kleine Gruppe von Priestern an die Abfassung des ersten Schöpfungsberichts, der ja erst im 5. Jahrhundert vor Christus entstand. Darin projizieren sie ihren ursprünglichen Stammesgott an den Beginn der Welt. So wie sich der babylonische Gott Marduk durch die Macht seines Befehls als der Stärkste unter den Göttern und Göttinnen erwiesen hatte, so wird der Gott Israels nunmehr zum Schöpfer und HERRN der Welt – durch sein Wort. Damit rückt das »Wort des HERRN« an die Stelle weiblicher Kräfte und wird zu der Grundkategorie von Leben, Welt und Kosmos.

Bis heute tun Theologen so, als sei der bildlose Gott des Wortes seit jeher der Gott Israels gewesen. Dieser Annahme widersprechen jedoch archäologische Funde: »Überall in Palästina wurden Götterfiguren gefunden. Zwischen kanaanitischen und israelitischen Städten kann man in dieser Hinsicht keinen Unterschied feststellen. Eine Ausnahme bildet vielleicht Arad, wo weibliche Statuetten fehlen und Jahwenamen vorherrschen. Doch auch hier wurden Baale und Astarten verehrt. Selbst im Jahwetempel stand eine heidnische Aschera.[4]

In Wirklichkeit hatte der bildlose HERR große Mühe, sich gegen seine Konkurrentinnen und Konkurrenten durchzusetzen. Und das bedeutet: Es bedurfte jahrhundertelanger Kämpfe und vieler Morde, wie eine Reihe biblischer Texte erkennen lassen. Dabei zeigt sich auch der Zusammenhang von Frauenentmachtung, die für die Einführung des bildlosen HERRN offensichtlich unerlässlich war.

Dieser Prozess begann bereits im neunten Jahrhundert v. Chr. König Asa soll mit der Feier der Heiligen Hochzeit am Tempel aufgeräumt haben. Er soll »die Götterbilder, die seine Ahnherren verehrt hatten, zerstört und seiner Mutter ihre Stellung als Königin-Mutter genommen haben, weil sie die Aschera verehrte«.[5]

Aschera und ihr männlicher Begleiter Baal waren das göttliche Paar, das von der kanaanitischen und israelitischen Bevölkerung gleichermaßen verehrt wurde. Ihm setzten israelitische Herrscher zunehmend jenen Jahwe entgegen, der nicht länger im Bild des Stieres verehrt wird, sondern in bildlosem Zustand. Eine Generation, nachdem König Asa sein Zerstörungswerk begonnen hatte, kommt es in Israel »zu einem Massaker an Baalsverehrern. Kurze Zeit darauf organisierte der Priester des Jahwetempels in Jerusalem einen Aufstand im Königreich Juda, und als er glückte, wurde der rivalisierende Tempel des Baal zerstört. Von dieser Zeit an werden in beiden Königreichen Namen gebräuchlich, die mit Jahwe zusammengesetzt sind. Offensichtlich kennzeichnet von dieser Zeit an etwas Neues und Wichtiges die Lage: das Gebot, ganz Israel müsse Jahwe verehren und nur Jahwe allein. Diese Forderung zu erfüllen war aber ganz Israel keineswegs gewillt. ... (Immerhin:) Juda hatte so viele Götter wie Städte.«[6]

Daraus geht hervor: Der bildlose HERR dient einer Zentralisierung der Macht, die so lange nicht möglich ist, wie religiöse Vielfalt herrscht. Der Kampf um diese Zentralmacht zieht sich – wie gesagt – durch Jahrhunderte und wird von Frauenfeindlichkeit getragen. »Als zur Zeit des Königs Joschija (621 v. Chr.) eine neue jahwistische Reform durchgeführt wurde, mussten die Priester in ganz Judäa davon abgehalten werden, auf den Höhenheiligtümern weiterhin Weihrauch zu verbrennen und zwar nicht nur für Baal, sondern auch für die Sonne, den Mond, die Planeten und das ganze Heer des Himmels ... In der Umgebung von Jerusalem mussten die Kulthöhen ... zerstört werden. Sogar der Jahwetempel musste gereinigt werden von den Opfergeräten für Baal, Aschera und das Himmelsheer, von den Sonnenwagen und von den Häusern der ›sakralen Prostituierten‹, wo die Frauen Schleier für den Pfahl woben, der die Göttin Aschera verkörperte. Die Reform des Joschija scheint jedoch bei seinen Untertanen wenig Anklang gefunden zu haben ...«[7]

Der bildlose Terror ist getragen von Wellen der Gewalt, nicht aber vom Volk. Sehr deutlich wird der Kampf zwischen Bild und Wort in den biblischen Erzählungen von Mose und Aaron. Dreitausend Menschen – Brüder, Freunde oder Nächste – wurden auf Befehl des Mose umgebracht, nur weil sie ihrer jahrtausendealten Tradition folgten und Jahwe in Gestalt eines Stieres – und mit ihm die Göttin – verehrten.[8] Am Ende wurden die Menschen vor die Entscheidung gestellt: dem bildlosen Gott zu dienen – oder aber zu sterben.

Mit dem Sieg des bildlosen – dem Volk unbekannten – Gott war auch der endgültige Sieg des tötenden über das lebenschenkende Prinzip verbunden. Viele Texte der Bibel zeigen: Der bildlose Gott nahm sich die Freiheit zu töten, wann immer sein Ego verletzt wurde. Schließlich diente er der Durchsetzung eines machtbesessenen männlichen Egobewusstseins, das sich der Wirklichkeit der Natur entgegenstellte.

Den Menschen früherer Zeiten war ein außerirdischer, möglicherweise sogar außerkosmischer unsichtbarer Schöpfergott von jenseitiger Transzendenz ursprünglich fremd. Für sie war jene Wirklichkeit, die sich ihnen Tag für Tag sichtbar vor Augen stellte und als solche auf sie wirkte, noch eins mit der Gottheit selbst, die ihnen in dieser Wirklichkeit begegnete und mit dieser Wirklichkeit verehrt wurde. Göttlichkeit und Wirklichkeit waren also noch nicht gespalten.

Jahwe-Priester und -Propheten versuchten, sich mit Hilfe männlicher Ideologiebildung, die einem Wortfetischismus gleichkommt, der kosmischen Macht der Gestirne zu entledigen, indem sie diese zu »Lampen« erklärten, die ihr HERR am Himmel aufgehängt habe. Die kosmischen Mächte wurden dem HERRN zu Füßen gelegt. Damit aber war auch der Grundstein für das mechanistische Weltbild gelegt. Rund zweitausend Jahre später erklärten dann die Priester und Propheten der Wissenschaft den Kosmos zu einer großen Präzisionsmaschine, die der unsichtbare und unbewegte Beweger vor unendlichen Zeiten in Bewegung gesetzt habe. Stück für Stück eigneten die Propheten der neuen Zeit sich nun die Macht des HERRN selber an. Nachdem sie ihren mechanisierten Geist in den Kosmos projiziert hatten, wurden sie zu Technikern eines entgeistigten Kosmos – um ihn einige Zeit später für tot zu erklären.

Am Ende des anhaltenden Prozesses der Entgeistigung von Kosmos und Natur erleben wir heute die totale Vereinnahmung und globale Zerstörung der Mutter Erde sowie die anmaßende männliche Penetrierung des Kosmos.

Das alte Bild, eine wahre Metapher

Die Absurdität der Ideologie eines allmächtigen HERRN einerseits wie auch des mechanistischen Weltbildes andererseits wird in unserem Jahrhundert deutlich. Forscher fühlen sich längst genötigt, wieder an die alten Anschauungen im Bild der Großen Göttin anzuknüpfen. Sie erkennen im Kosmos einen riesigen Organismus, der, anders als ein Uhrwerk, lebendig ist und teilhat an der Evolution. Sie sprechen daher vom »Gaia-Prinzip« und von einer unwiederholbaren Entwicklung und bedienen sich dafür des Namens der griechischen Ur-Göttin, der alles Leben entstammt.

Hier nun schließt sich jener Kreis, der einst mit dem symbolischen Ausdruck menschlicher Erfahrungen im Bild der Großen Göttin begann. Unter dem Druck der Wirklichkeitserfahrung verlieren männliche Ideologien an Bedeutung. Die Sinnhaftigkeit alter Bilder wird erkennbar, sobald die Macht fehlt, bestimmte männlich-patriarchale Ideengebäude aufrechtzuerhalten. Alte Vorstellungsmuster kehren noch einmal zurück und wollen endlich integriert werden. Nur so können wir die weltanschaulichen Verengungen und Verfälschungen auflösen und den globalen Realitätsverlust überwinden, den der mit Hilfe von männlichen Sprachbildern durchgesetzte bildlose Gott verursacht hat.

Was ich damit meine, lässt sich vielleicht am Bild der Göttin Nut aufzeigen, der wir bereits begegnet sind. Ihr schlanker Frauenkörper neigt sich schützend und bergend über die Erde. Sein Vorbild ist eindeutig die sichtbare Gestalt des Regenbogens. Die Assoziationen mit dem Mütterlich-Weiblichen – und das bedeutet natürlich mit dem weiblichen Körper – liegen klar auf der Hand; denn er ist das Symbol schlechthin für jene göttlichen Kräfte, die uns hervorbringen, nähren, lehren, lieben, schützen, umfangen und erhalten. Dass es sich hierbei aber nicht in erster Linie um Assoziationen mit menschlichen, sondern mit weiblichen Kräften handelt, lässt die Tatsache erkennen, dass sie ebensogut in Tier-Gestalt symbolisiert werden können. In Ägypten stoßen wir auch auf das Bild der Himmelskuh. Sie verkörpert ursprünglich jene weiblichen Prinzipien, die dann später mit Hathor und Nut auch in einer Frauengestalt veranschaulicht werden. Diese weiblichen Prinzipien, die in ihrer grundlegenden Bedeutung erfasst und verehrt wurden, konnten eher durch ein weibliches Tier als durch eine männliche Gestalt dargestellt werden.

Die Hieroglyphe für diese Kräfte bedeutet das weibliche Prinzip schlechthin. Es steht für »weibliches Genital« ebenso wie für »Frau«.[9] Nach altägyptischen Vorstellungen nähren diese weiblichen Kräfte aus ihrem Euter bzw. aus ihren Brüsten die Erde, wenn es regnet. Im Rahmen dieser Analogie wird der Regen als Himmelsmilch verstanden, durch den alles Leben auf Erden gedeiht. Er bedeutet dasselbe wie die Milch einer Mutter für ihre Kinder.

Im späteren patriarchalen Weltbild wird der Regen als Sperma gedeutet, ungeachtet der Tatsache, dass diesem immer nur impulsgebende und mitzeugende, niemals jedoch eine nährende Funktion zukommt. Unter patriarchalen Voraussetzungen verlieren somit die Analogien an Genauigkeit – und damit an Realitätsbezug. Sie sind nicht mehr der unmittelbare Ausdruck von Erfahrungen, sondern stehen im Dienste eines unbegründeten Postulats männlicher Priorität und Macht –, das jedoch in der Wirklichkeit der Natur nirgends eine Bestätigung findet.

Dieser wirklichkeitentleerte Umgang mit Bildern und Analogien zeigt sich auch bei der Umdeutung des ursprünglich weiblichen Gefäßes, das in der Frühzeit eine eminent wichtige Rolle spielte. In patriarchaler Zeit wird es mit einem männlichen Inhalt versehen, nach dem Motto: Sie – die Leere, das Nichts. Er – die Substanz, das Alles. Diese Art von Gegensatzdenken war im Rahmen des matriarchalen Weltbildes noch nicht möglich. Dazu war die weibliche

Wahrnehmung viel zu präzise und der Blick noch nicht von männlichen Ideologien getrübt.

So werden von Anfang an im Bild des Großen Weiblichen zwei Gefäße unterschieden, durch die die Erde lebt. Dabei handelt es sich einerseits um die Brüste, aus denen der Milchregen fließt, die sogenannten »oberen Wasser«, andererseits um den Uterus – jenes heilige Gefäß, dem das Leben entspringt und das Fruchtwasser entströmt. Hier liegt der Ursprung der wassergebärenden Göttin der Tiefe, auch »untere Wasser« genannt. Wie bereits erwähnt, blieb diese Unterscheidung von oberen und unteren Wassern auch im biblischen Schöpfungsbericht erhalten. Im Hohenlied der Liebe – und bis hinein in die katholische Mariologie – finden wir die Vorstellung von der Jungfrau nicht nur als einem verschlossenen Brunnen, sondern auch als »versiegelter Quelle«.[10] Diesen Bildern liegen Analogien zugrunde, die der Natur abgeschaut wurden: Aus den oberen Bereichen – dem Oberkörper der Frau ebenso wie aus den kosmischen Höhen des Himmels – erfuhren die Menschen das »Milchgebende-Durststillende-Regengebende«[11]. Das Unten der Frau, die Bauch-Geburts-Schoß-Region, entsprach dem Bereich des »Erde-Wasser-Stromgebärenden«.

Hierbei handelt es sich um symbolische Gleichungen, die grundlegende – und folglich auch emotional besetzte – Lebenszusammenhänge aufzeigen, von denen die Menschen der Frühzeit zutiefst angerührt waren. Offensichtlich waren sie überwältigt von der Tatsache, dass sie ihr Leben der Hingabebereitschaft und den Fähigkeiten des weiblichen Geschlechts verdankten, das sie getragen und geboren, genährt und belehrt hatte.

Diese Erfahrung, die ja jedes einzelne Lebewesen durch Jahrmillionen hindurch immer wieder mit der eigenen Mutter gemacht hatte, korrespondierte mit den Erfahrungen, dass die natürliche Umwelt den Menschen in gleicher Weise als Mutter Erde trug, nährte, belehrte und am Ende des Le-

Die Erde. Buchmalerei. Abtei Monte Cassino, 11. Jh.

bens wieder in ihren Schoß zurücknahm. Das kollektive Erleben der tragenden, erneuernden, nährenden und belehrenden Göttin hatte also einen ganz realen Hintergrund in dem entsprechenden Erleben weiblicher Kräfte und deren Symbolisierung im Bild der Göttin.

Genau hier aber liegt der größte Unterschied zwischen ihr, die in der Bibel immer wieder bekämpft wird, und dem Allmacht und Verehrung beanspruchenden HERRN: Die Bilder der Großen Göttin in kosmischer und irdischer Gestalt drücken weder weiblichen Allmachtswahn aus noch weiblichen Verehrungsanspruch, sondern konkret erlebte Wirklichkeit. Das ist beim HERRN anders. Ihm, der den Kampf gegen das Bild antritt, mangelt es von Anfang an Anschaulichkeit, an sinnlicher Wahrnehmbarkeit und folglich auch an Verbindlichkeit. Seine »Allmacht« wurde von seinen Propheten krampfhaft in historische Ereignisse wie auch in natürliche Gegebenheiten hineingedeutet. Letztere aber verloren so ihre Eigenmacht an den HERRN im Bewusstsein der Menschen.

Auf diese Weise wurde der HERR zur Macht

- des Männerwortes, das die Rede von dem, was göttlich genannt werden darf, bestimmt;
- des Männerblicks, der Bilder auslöscht, die ihm nicht genehm sind;
- des Männerwahns, der sein Gottesbild mit jener Macht ausstattet, nach der er selber strebt,
- ein Abstraktum – bar jeglicher Legitimation im Bereich menschlicher Erfahrung und damit die Wirklichkeit überrollend und negierend.

Kein Wunder also, wenn es immer auffallend mit der Wirklichkeit hapert, wo der bildlose HERR in seiner »schöpferischen Allmacht« beschrieben wird. Sie besteht darin, dass er die Welt durch sein Wort und den Mann vor der Frau erschuf – ohne weibliche Hilfe, versteht sich. Die Frau wird dem Mann – dessen Rippe entstammend – sozusagen nachgereicht.

Hier tritt die Ideologie männlicher Allmacht an die Stelle uralter Bilder wie auch des matriarchalen Mythos, der einst die Wirklichkeit nachempfand und von ihr in der entsprechenden Bildersprache erzählte. Dieser Mythos ging davon aus, dass alles geboren wurde und wird – eine Vorstellung, die bis heute sichtbar nachvollzogen werden kann. Sie ist also ein angemessenes Bild für die Wirklichkeit des Kosmos sowie der Natur und trägt der offenkundigen Priorität des Weiblichen Rechnung.

Die am eigenen Leib und in der Seele erfahrene numinose Wirkung des äußeren Phänomens wird im matriarchalen Weltbild rückhaltlos als Gottheit anerkannt und nicht etwa als bloß »äußere Wirklichkeit« gegenüber einer transzendenten Geistigkeit abgewertet. Natur und Geist, äußere und innere Welt bilden hier noch eine Einheit. Die Erscheinungen der Dinge dieser Welt wirken dabei unmittelbar auf die Seelen der Menschen – und das ist bei einigen Indianerinnen und Indianern bis heute so. Sie werden als die höchste Form der Wirklichkeit empfunden und in ihrer Wirkung als numinos erlebt. Von ihr ließen sich die Menschen ansprechen und in Anspruch nehmen, sind sie doch durch sich selbst verbindlich, bindend und verbindend.

Der Anspruch ihrer Wirklichkeit wurde auch in früheren Zeiten als das Verpflichtende, ja Zwingende rückhaltlos anerkannt, mit der Konsequenz, dass nie der Versuch unternommen wurde, sich die Erde und mit ihr auch noch die Gestirne untertan zu machen: Der Mond scheint fest in der Hand des Mannes; nach Mars, Venus und Saturn ist er dabei, seine Hand auszustrecken.

Der Kosmos als ursprünglich weiblicher Raum wird unter der Regie biblischer Propheten zu einem vom HERRN konstruierten Riesenbau. Von ihm heißt es bei Amos: »Er erbaut seine Hallen im Himmel und gründet sein Gewölbe auf der Erde, er ruft das Wasser des Meeres und gießt es aus über die Erde. – Jahwe ist sein Name! (9,6).« Jene Bereiche, die das Bilderverbot ausdrücklich nennt, werden hier an Jahwe als Baumeister und Befehlshaber gebunden. Auch hier Ansätze eines mechanistischen Weltbildes, dessen Ausläufer bis in die heutige naturzerstörende Technokratie der Männer reichen.

Die Verehrung einer irdischen und kosmischen Mutter lehnt der jüdisch-christliche Glaube als Pantheismus oder animistische Primitiv-Religion bis heute ab – und das sogar noch im Angesicht globaler Zerstörung. Stattdessen führte er die absurden Trennungen zwischen dem Wirklichen und dem Göttlichen wie auch jene zwischen einem bildlosen Gott und anderen Götzen ein. Damit verlieh er seinen Propheten das Recht, Hasstiraden gegen andere religiöse Vorstellungen zu lancieren, und leistete so zerstörerischen Ausgrenzungen von Wirklichkeitsbereichen Vorschub. Diese

Politik der Ausgrenzung aber züchtete jenen fundamentalistischen Glauben, der in seiner gewalttätigen Form gegenwärtig einerseits im Islam seine Auferstehung feiert, andererseits aber auch in Israel für Unruhe sorgt.

2. Tabu: Die Verehrung der Göttin

Wir finden in der Bibel zwar heftige Reaktionen auf die allgegenwärtige Göttinnen-Verehrung, doch kein Verbot, das sie ausdrücklich benennt. Das biblische Bilderverbot richtete sich gegen weibliche und männliche Gottheiten gleichermaßen. So wurden der kanaanäische Gott Baal, aber auch die Stiergestalt des frühen Jahwe als Begleiter der Göttin Aschera oder Anat ebenso verdrängt wie diese selbst.

Dennoch meine ich, dass das erste und dritte Tabu in erster Linie auf die Göttin abzielte. Mit den verbotenen Götterbildern teilte der HERR immerhin seine Männlichkeit und konnte so mit ihnen verschmelzen. Das zeigen Texte, die ursprünglich El, Baal und Marduk priesen und später auf den HERRN umgeschrieben wurden. Das war bei der Göttin so nicht möglich. Hier galt es also, sich abzugrenzen und die Erinnerung an sie so radikal wie möglich zu vernichten. Schließlich war sie die Machtvollere – die Urheberin allen Seins – und es ging um diese ihre Macht. Sie sollte usurpiert werden, was vor dem HERRN auch schon andere Götter versucht hatten, zum Beispiel in Ägypten.

Aus Archäologie und Religionsgeschichte, aber auch aus biblischen Weisheitstexten wissen wir, wie stark und weltweit anerkannt ihre Verehrung einst gewesen sein muss. Weltweit begegnen wir ihren wortlosen Bildern und Skulpturen durch viele Jahrtausende der Menschheitsgeschichte hindurch, die keinen männlichen Gott kannten.[12]

In China hat sie in der Vorstellung des »Tao« eine Bleibe gefunden und wird uns darin bis heute überliefert. Davon merken wir jedoch nur etwas in der Übersetzung von Erwin Rousselle, der das Tao nicht etwa mit den männlichen Begriffen »Weg« oder »Sinn« übersetzt, sondern mit »Führerin des Alls« und so die weibliche Bedeutung des Tao erhält.

Hier einige Belege für die Wirklichkeitstiefe, in der die Göttin einst erlebt und erfasst wurde:

1. Spruch

Ist die Führerin des Alls in Worten aufführbar,
So ist es nicht die ewige Führerin,
Ist ihr Name nennbar,
So ist es nicht ihr ewiger Name.
Als Unbenennbare ist sie
Die Gebärerin des Himmelsgottes und der Erdgöttin,
Als Benennbare ist sie
Die Mutter der zehntausend Wesen.

4. Spruch

Die Führerin des Alls verströmt sich
und bewirkt, dass man auch nicht gefüllt bleibt.
Wassertief ist sie:
So ist sie wie der zehntausend Wesen Ahnin.
Sie stumpft ihre Härten und entwirrt ihre Schlingen,
Sie sänftigt ihren Glanz und eint sich ihrem Staube.
Taufrisch! so scheint sie zu verharren.
Ich weiß nicht, wessen Kind sie ist,
Sie ist, scheint es, die Vorfahrin der Götter.

25. Spruch

Es gibt ein Wesen, aus dem Unfassbaren gebildet,
Vor Himmelsgott und Erdgöttin lebend,
So still! So leer!

Allein steht es und ändert sich nicht,
Den Kreis rings schreitet es ab und läuft nicht Gefahr.
Man kann es ansehen als die Mutter der Welt.
Ich weiß nicht ihren Namen,
Sie bezeichnend, sage ich: DAU, die Führerin des Alls.
Bemüht, ihr einen Namen zu schaffen, sage ich:
DA, die Große.
Groß nenne ich das Entschwindende,
Das Entschwindende nenne ich das Ferne,
Die Ferne nenne ich das Wiederkehrende.
Darum:
Die Führerin des Alls ist groß,
Der Himmelsgott ist groß,
Die Erdgöttin ist groß,
Der Herrscher ist auch groß.
Innerhalb der Weltgrenzen gibt es vier Große,
Und der Herrscher ist deren einer.
Des Menschen Richtmaß ist die Erde,
Der Erde Richtmaß ist der Himmel,
Des Himmels Richtmaß ist die Führerin des Alles,
Der Führerin Richtmaß ist ihre eigene Natur.

Die kosmische Dimension der Göttin als Grund allen Seins wird auch in der biblischen Weisheitsliteratur beschrieben, in der es von ihr – zum Teil recht ähnlich wie vom Tao – heißt:

Die Weisheit spricht:
Den Kreis des Himmels umschritt ich allein;
in der Tiefe des Abgrunds ging ich umher.
Über die Fluten des Meeres und über alles Land,
über alle Völker und Nationen hatte ich Macht (Sir 14,5 f).

Strahlend und unvergänglich ist die Weisheit.
Machtvoll entfaltet sie ihre Kraft,
von einem Ende zum andern durchwaltet sie das All.

Und mühelos wird sie erschaut von denen, die sie lieben,
und gefunden von denen, die sie suchen (Weisheit 6,12f).

Sie ist nur eine und vermag doch alles;
ohne sich zu ändern, erneuert sie alles.
Von Geschlecht zu Geschlecht tritt sie
in heilige Seelen ein
und schafft Freunde des Heiligen (Weisheit 7,27).

Sie ist schöner als die Sonne
und übertrifft an prachtvoller Fülle jedes Sternbild.
Sie ist strahlender als das Licht,
denn diesem folgt die Nacht;
doch über die Weisheit siegt keine Schlechtigkeit
(7,29–30).

Diese Texte lassen noch etwas erkennen von der natürlichen Machtfülle, die der Göttin einst zukam und auf die der HERR so unendlich eifersüchtig gewesen sein muss. Von ihr künden aber auch Mythen und Märchen, Hymnen und Lieder, die sie in vielfältiger Gestalt durchzieht.

Da ist zunächst Homers berühmter Hymnos, der Gaia als Erde und Allmutter lobpreist:

Gaia, dich Allmutter werd ich besingen,
dich Alte, Festgegründete,
Nährerin aller irdischen Wesen.
Was die göttliche Erde begeht
und was in den Meeren,
was in den Lüften sich regt,
genießt deine Fülle und Gnade.
Gute Kinder und gute Früchte
entsprießen dir, Hehre!
Du hast Gewalt, den Menschen
Leben zu geben oder zu nehmen.
Doch selig sind alle,
die du von Herzen sorgend umgibst.

In der Gestalt der Mutter Erde aber wird sie bis heute besungen. Als junges Beispiel erinnere ich an ein Lied aus der Jugend- und Wanderbewegung zu Beginn des zwanzigsten Jahrhunderts:

Wann wir schreiten Seit an Seit
und die alten Lieder singen
und die Wälder wieder klingen,
fühlen wir, es muss gelingen:
Mit uns zieht die neue Zeit,
mit uns zieht die neue Zeit.

In dieser Strophe geht es um etwas, das auch Frauen heutzutage wieder versuchen: um die Rückgewinnung eines alten Weltbildes, um es für die Zukunft fruchtbar werden zu lassen. Mit Hilfe des Rückgriffs auf alte Lieder soll hier eine neue Zeit eingeläutet werden.

Wenn ich persönlich diesen Optimismus auch nicht teile – ich denke nur daran, was aus dieser Bewegung geworden ist –, so tut das meiner Sympathie mit diesem Denken keinen Abbruch; denn auch unserer Zeit wird es kaum anders ergehen...

Im dritten Vers des Liedes kommt jenes phänomenologische oder analoge Denken zum Ausdruck, um das es auch bei der Wiederkehr der Göttin geht:

Birkenlaub und Saatengrün –
wie mit bittender Gebärde
hält die alte Mutter Erde,
dass der Mensch ihr eigen werde,
ihm die vollen Hände hin,
ihm die vollen Hände hin.

Hier zeigt sich ein tiefes Verständnis von dem, was mit der Göttin gemeint ist in einem der Natur verbundenen Bewusstsein ebenso wie in einem Durchdringen der Ursachen jener ökologischen Krise, in der wir uns heute weltweit befinden – und das lange vor dem Offenbarwerden des ganzen Ausmaßes der Umweltzerstörung, wie sie in unserer Zeit zutage tritt.

In dem Lied werden die Gesten der Mutter Erde wahrgenommen, mit denen sie die Menschen beschenkt und damit gleichzeitig um ihre Zu-Wendung wirbt. Sie ist in diesem Bild weder die verschlingende Mutter, als die sie neurotischen Patriarchatssöhnen häufig erscheint, noch die form- und leblose Materie, als die sie sich Rationalisten der Aufklärung wünschten, um sie besser beherrschen zu können. Sie ist die, als die Menschen sie immer empfunden haben:

Ägyptisches Bronzegefäß mit einer Darstellung der Nut als Baumgöttin, in deren Krone die Sonne geboren wird.

Abb. links: Ägyptische Darstellung einer schenkenden Baumgöttin.

die ewig Schenkende, von der der Mensch lebt und – durch patriarchale Götter verführt – dennoch immer wieder vergisst, welch eminente Bedeutung sie für ihn hat.

Der Kreislauf des Werdens und Vergehens wird im Bild von abgefallenem Laub und frühlingshaftem Sprießen beschrieben und als werbende Geste der Göttin gedeutet, die den Menschen in liebevoller Weise auf sich aufmerksam macht. Hier stellt sich uns eine Kongruenz dar, eine innere Stimmigkeit in der Weltanschauung, die über Jahrtausende und Kulturen hinwegreicht.

In diesem weiblichen Weltbild, das offensichtlich nie ganz zerstört werden konnte, wird geschaut, vernommen, wahrgenommen, und zwar aufgrund von allgemein zugänglichen Erfahrungen mit der Welt – Erfahrungen, die immer auch emotional besetzt sind und die immer wieder neu bewusstgemacht und in das Leben der Menschen integriert werden wollen.

Interessanterweise begegnen wir dem Bild einer Werbenden, mit dem Mutter Erde im Lied beschrieben wird, auch in der biblischen Weisheitsliteratur. Dort wirbt die Weisheitsgöttin in vielerlei Gestalt um die Aufmerksamkeit des Menschenmannes: als Schwester und Geliebte, als Ehefrau und Vertraute, als Mutter und kosmische Göttin bittet, mahnt und ruft sie ihn und macht ihn auf positive und negative Folgen der Nichtbeachtung ihrer Gesetze aufmerksam.

Hierzu noch einige Textbeispiele:

Ruft nicht die Weisheit vernehmlich?
Erhebt nicht die Einsicht ihre Stimme?
Euch, ihr Männer, gilt meine Predigt, ...
o, ihr Einfältigen, lernet Klugheit,
ihr Toren, nehmt Verstand an (Sprüche 8,1.4).

Sage zur Weisheit: Du bist meine Schwester
und heiße die Einsicht deine Vertraute (Sprüche 7,4).

Die Weisheit ruft laut auf der Straße,
auf den Plätzen erhebt sie ihre Stimme.
Am Anfang der Mauern predigt sie,
an den Stadttoren hält sie ihre Reden:
Wie lange, noch, ihr Törichten, liebt ihr Betörung?
Wendet euch meiner Mahnung zu! (Sprüche 1,20ff).

Anders als der HERR, der unserer Ur-Mutter Eva einst die Früchte des Baumes der Weisheit unter Androhung der Todesstrafe verboten hat, fordert die Göttin die Menschen geradezu auf, sich an ihnen zu sättigen, und weist gleichzeitig auf ihr hohes Alter hin, das an den Beginn der Menschheit führt:

Kommt zu mir, die ihr mich begehrt,
sättigt euch an meinen Früchten.
An mich zu denken ist süßer als Honig.
Mein Andenken reicht bis zu den fernsten Generationen.
Wer von mir isst, hungert immer nach mir,
und wer von mir trinkt, dürstet immer nach mir.
Wer auf mich hört, wird nicht zuschanden,
und wer mir folgt, fällt nicht in Schuld.
Wer mich ans Licht hebt, hat ewiges Leben
(Sir 24,19–22).

Mit diesen Worten tritt sie eindeutig als Widersacherin des HERRN und seiner Priester auf. Machten diese aus dem Genuss der Weisheitsfrucht eine Ur-Sünde, so negiert die Weisheitsgöttin jegliche Schuld in diesem Zusammenhang. Droht der HERR mit unmittelbarem Sterben und Rausschmiss aus dem Garten Eden, so verheißt die Göttin mit dem Genuss ihrer Früchte ewiges Leben.

Da man diese uralten Weisheiten dem legendären König Salomo zuschrieb, blieben sie uns erhalten und erinnern an ein zerstörtes Weltbild – und damit auch an einen Umgang mit religiösen und spirituellen Dimensionen des Lebens, der sich recht krass unterscheidet von dem, was wir vom HERRN gewohnt sind.

Anders als Jahwe kennt die Göttin weder Verbote noch Todesdrohungen, weder Mordbefehle noch die Anzettelung »heiliger« Kriege. Weder diese noch autoritäre Strukturen sind mit ihren Lehren zu rechtfertigen. Sie rät den Menschen, etwas zu tun oder zu lassen, und zeigt die positiven oder negativen Konsequenzen ihres Tuns auf.

Genau wie im Liedtext der Mutter Erde wird auch Frau Weisheit eine vorrangige Bedeutung zugesprochen, um deretwillen alles andere zurückstehen muss. Ihre Priorität liegt in der Natur der Sache begründet und nicht etwa in einem egohaften Absolutheitsanspruch, der durch nichts zu rechtfertigen ist.

Wenn es daher am Ende des Liedes von der Mutter Erde darum geht, dass der Mensch ihr eigen werden soll, so ist damit weder an ein patriarchales Besitzverhältnis gedacht noch an eine Infantilisierung der Menschen, wie sie in solchen Zusammenhängen nur allzu leicht gewittert wird. Vielmehr wird hier ein Beziehungs- und Abhängigkeitsverhältnis zwischen Kosmos, Erde und Mensch angesprochen, wie es seit Jahrmillionen real existiert, wie es aber insbesondere der Mann-Mensch zu verdrängen trachtet. Daher bedarf es solcher Lieder, um dieses Beziehungsverhältnis immer wieder ins Gedächtnis der Menschen zurückzurufen.

Um die Erhaltung des Bewusstseins der Abhängigkeit von weiblichen Kräften könnte es auch in dem folgenden Wandrelief aus dem dritten Jahrtausend gegangen sein.

Wenn der Pharao in Ägypten auch später als die einzig legitime Kontaktperson zwischen Mensch und Götterwelt verehrt wurde, so lässt dies Wandrelief doch klar erkennen, woher er seine Macht bezog, wer ihn an der Hand – sozusagen im Zaum – hielt.

Es handelt sich hier um den König Mykerinos, den Erbauer der dritten kleineren Pyramide von Gise. Er hatte die

Ägyptische Darstellung des Königs Mykerios zwischen der Göttin Hathor (links) und der Gaugöttin von Diopolis Parva. Aus dem Taltempel der Königspyramide in Giseh, um 2510 v. Chr.

Vorliebe, die Rolle des ägyptischen Königs in Triaden, in Dreiergruppen auszudrücken. Mehrere von ihnen sind im unfertig gebliebenen Taltempel seiner Pyramide in einen Nebenraum weggerückt aufgefunden worden. Wir erkennen, dass er sich der vertrauten Vorstellung von der Dreifaltigkeit der Göttin bediente, wobei er hier seine eigene Person in die ursprünglich rein weibliche Triade einführte.

Der König selbst, bekleidet mit Königsschurz, Zeremonialbart und oberägyptischer Krone, bildet – weit ausschreitend – die von den Göttinnen eingerahmte Zentralfigur der Gruppe. Seine Linke hält ein kurzes Szepter, die Rechte wird von der Göttin Hathor gefasst, die als voll erblühte Frauengestalt neben dem König steht. Kuhgehörn und Sonnenscheibe spielen – parallel zu Nut – auf ihre Eigenschaft als himmlische Mutter an, aus deren kuhgestaltigem Leib die Sonne – und mit ihr der König – täglich neu geboren werden. Sie verweist ihn auf seinen Ursprung und damit auf seine Abhängigkeit von ihren wiedergebärenden Kräften, denen die Welt ihr Dasein verdankt.

Auf der anderen Seite des Königs steht unverbunden neben ihm eine Frauengestalt, der Hathor ähnlich, fast gleich, bekrönt von der Namenshieroglyphe des sechsten Gaues von Oberägypten, dem sogenannten Bat-Symbol. Hinter diesem Symbol verbirgt sich eine »Göttin in der Form eines janusartigen Symbols... mit menschlichem Gesicht und Kuhohren und -hörnern«[13], die später zu Spiralen werden. Häufig verschmelzen Hathor und die Göttin des sechsten Gaues auch zu einer Gestalt.

Ein Blick auf die Fußstellungen zeigt die weiblich-männlichen Aufgabenbereiche, die im dritten vorschristlichen Jahrtausend in Ägypten immerhin noch als solche bekannt gewesen sein müssen: Kaum merklich schiebt sich der König nach vorn aus dem Bildganzen heraus, während Hathor in kleinerer Schrittstellung verhalten im Hintergrund bleibt und ihn sanft zurückhält. Fortschreiten kann er nur um den

Preis ihrer körperlichen Nähe, denn mit dieser belebt sie den König als göttliche Himmelsmutter. Durch ihren Halt hindert sie ihn daran, allzu forsch in die Welt hinauszuschreiten. Sollte er ihre Hand loslassen, verlöre er den Kontakt zu ihren Energien. So ist sie es, die den »Fortschritt« des Männlichen bestimmt. Wird sie daran gehindert, so bedeutet Fortschritt immer ein Fortschreiten vom Weiblichen und damit vom Ursprung.

Ob diese Weltsicht zu jener Zeit noch praktiziert wurde, kann hier nicht diskutiert werden. Wichtig ist nur, dass es diese Funktionsaufteilung gegeben haben muss, um dargestellt werden zu können.

Die Gaugöttin zur anderen Seite des Königs steht mit geschlossenen Füßen am Platz. Sie personifiziert das statische Element der ruhenden Erde des Niltals, die Fruchtbarkeit der Gaue des Reiches, denen er ebenfalls seine Macht und Größe verdankt.

Die Inschriften der Basisoberseite unterstreichen das gegenseitige Verhältnis der Personen: Mykerinos bezeichnet sich als »von Hathor erwählt«, und die Gaugöttin übergibt dem König »alle Opfergaben Oberägyptens, ›damit du erscheinst als König Ägyptens ewiglich‹«[14].

Leider erfahren wir an dieser Stelle nichts über die Bedingungen dieser männlichen Erwählung. Es ist durchaus möglich, dass die Göttinnen hier instrumentalisiert wurden zur Etablierung männlicher Macht. Denn irgendwann kippte das Bild männlicher Abhängigkeit um in ein Vorzugsverhältnis: Da wurde der Mann ihr Liebling...

Das Männliche erfuhr eine Stärkung, die ihm und der Welt offensichtlich nicht bekam. Es wurde anmaßend, forderte die dem Weiblichen eigene Macht für sich ein und riss sie schließlich mit Gewalt und mit Hilfe der Entwertung des Weiblichen an sich. Anders ist das hohe Ausmaß an Gewalt und Frauenhass an vielen Stellen der Bibel wohl kaum zu erklären.

Dieser Hass auf das Weibliche richtet sich nicht nur gegen die Gestalt der Großen Göttin, nicht nur gegen ihre Heiligen Haine und Bäume als ihre Symbole, sondern auch gegen das weibliche Geschlecht selbst. In vielen Texten wird ein Gewaltmuster deutlich, das bis in unsere Gegenwart hineinragt und das von mir an anderer Stelle näher beschrieben wurde.[15] Dabei wird deutlich, wie sich der Kampf gegen die Göttin auch in Gewaltakten gegen Frauen niedergeschlagen und das Verhältnis zwischen den Geschlechtern vergiftet haben muss. Es ging darum, die geistige Welt der Frauen – ihr Weltbild – unwiederbringlich zu vernichten.

Ein neues Weltbild wurde geschaffen. Biblische Schreiber brachten die lenkenden Kräfte des Universums und der Natur weder mit weiblichen Prinzipien in Verbindung noch mit dem Zusammenspiel von weiblichen und männlichen Eigenschaften. Sie assoziierten sie nur noch mit der Allmacht eines unsichtbaren HERRN der Welt, eines einsamen Beherrschers des Universums, der in diesem selbst nicht enthalten war. Jahrtausendelanges Erleben der Natur, Beschreibungen der Wirklichkeit und Erfahrungen kosmischer Zusammenhänge verloren nun ihre Gültigkeit; denn der neue HERR hatte keinen wirklichen Anteil an den natürlichen Gegebenheiten des Lebens, wie sie zum Beispiel in der Sexualität, im Gebären und Nähren zum Ausdruck kommen. Er teilte sich den Menschen nicht mehr durch Tiere und Bäume, Pflanzen und Gestirne mit, auch nicht in Träumen, wie dies zum Beispiel die Elohim (die weiblich-männlichen Gottheiten der Bibel) noch getan hatten. Der HERR sprach nur noch durch den Mund seiner (männlichen) Auserwählten, die die Menschen mit den schlimmsten Strafen bedrohten, falls sie ihre alten kultischen Sitten und Bräuche beibehalten und eigene religiöse Entscheidungen treffen würden.

Dagegen verwahren sich jedoch die israelitischen Frauen. Als der Prophet Jeremia sie in Ägypten mit dem Tode bedroht, machen sie ihm unmissverständlich klar, dass sie nicht gewillt sind, auf ihn zu hören. Dabei berufen sie sich – auch im Namen ihrer Männer – auf ihre Kult- und Glaubensfreiheit: »Was das Wort betrifft, das du im Namen Jahwes uns verkündet hast, so hören wir nicht auf dich. Wir werden vielmehr das Wort, das wir gegeben haben, ganz und voll ausführen: nämlich der Himmelskönigin Rauchopfer darzubringen und ihr Trankopfer auszugießen, wie wir und unsere Väter, unsere Könige und unsere Vorgesetzten es in den Städten Judas und in den Straßen Jerusalems getan haben« (Jer 44,16ff).

Fernab vom Ort des Jahwe-Kults in Jerusalem, jenseits des Machtbereichs der Jahwe-Priester setzten die Frauen (und mit ihnen die Männer) ihren eigenen Glauben durch, der eine Rückkehr zu älteren religiösen Vorstellungen bedeutete. Der Kult der Großen Göttin hatte jahrhundertelang (wenn nicht länger) in Form eines Volksfestes stattgefunden. Er muss sich recht drastisch vom Jahwekult unterschieden haben, den ausschließlich Männer ausführten und bei dem blutige Tieropfer an der Tagesordnung waren – auch wenn einige Propheten noch so sehr dagegen protestierten. Der Kult zu Ehren der Himmelskönigin war offensichtlich weder männer- noch frauenzentriert und vollzog sich folgendermaßen: »Die Kinder lesen Holz zusammen, die Väter zünden das Feuer an, und die Frauen kneten Teig, um der Himmelskönigin Kuchen zu backen...« (Jer 7,18). Frauen als kultunfähiges Geschlecht sind hier nicht bekannt...

Mit der Rückkehr zu vertrauten Ritualen erinnern sich die Frauen auch vergangener Erfahrungen mit ihrem Glauben an die Große Göttin: »Da hatten wir auch Brot genug, und es ging uns wohl, und wir sahen kein Unglück.« Das muss sich mit dem ihnen aufgezwungenen Glauben an Jahwe, den HERRN, drastisch geändert haben. Denn: »Seit der Zeit, da wir aufgehört haben, der Himmelskönigin zu räuchern und ihr Trankopfer darzubringen, haben wir allen Mangel gelitten und sind durch Schwert und Hunger umgekommen«

(Jer 44,18). Mit Jahwe werden nur noch Kriege und die dazugehörigen Hungersnöte in Verbindung gebracht. Die Enttäuschung über ihn muss in der Tat groß gewesen sein.

Wie sehr aber den eifersüchtigen HERRN das fröhliche Treiben zermürbt, beleidigt und mit Zorn erfüllt hat, zeigt seine Deutung des Geschehens ebenso wie seine Reaktion darauf: »... man bringt fremden Göttern Trankopfer dar, *um mich zu kränken.* Kränken sie aber mich dabei, spricht Jahwe, und nicht vielmehr sich selbst zu ihrer eigenen Schande? Darum spricht so der HERR Jahwe: Siehe, mein Zorn und mein Grimm ergießt sich über diesen Ort, über Mensch und Vieh, über die Bäume auf dem Felde und über die ... Frucht des Bodens; er brennt und erlischt nicht« (Jer 7,18–20).

Hier spricht der männliche Hass auf alles, was nicht um das von einer kleinen Clique geschaffene männliche Ego kreist und es zum »göttlichen« Zentrum des Lebens erklärt, sondern vielmehr eigene Impulse und Bedürfnisse ernst nimmt, die auf jene vom HERRN verdrängte Wirklichkeit verweisen.

So befiehlt der HERR an anderer Stelle: »Ihr sollt alle Kultstätten zerstören, an denen die Völker, deren Besitz ihr übernehmt, ihren Göttern gedient haben: auf den hohen Bergen, auf den Hügeln und unter jedem üppigen Baum. Ihr sollt ihre Altäre niederreißen und ihre Steinmale zerschlagen. Ihre Kultpfähle sollt ihr im Feuer verbrennen und die Bilder ihrer Götzen umhauen. Ihre Namen sollt ihr an jeder solchen Stätte tilgen« (5. Mose, 12,2f). Hier zeigt sich, auf welch gewaltsame Art und Weise sich der HERR mit seinem Kult breitzumachen suchte und dabei auch nicht davor zurückschreckte, die Zerstörung jener heiligen Stätten anzuordnen, an denen die kanaanäischen Gastgeberinnen und Gastgeber seines Volkes ihre Göttin Aschera und deren Geliebten Baal verehrten.

Mit der gewaltsamen Entfernung der Bilder der Großen Göttin aus den Seelen der Menschen aber gingen Geist und

Seele mit ihrem Bedürfnis nach Geborgenheit und sinnvoller Weltdeutung zunehmend leer aus. An ihre Stelle traten mit dem männlichen Gottesbild zunehmend abstrakte Öde und ein massiver Realitätsverlust, dem ganz zwangsläufig Unsicherheitsgefühle folgten.

Hier gilt, was Jean Liedloff über gewaltsame Veränderungen und ihre Folgen schreibt. Sie weist darauf hin, wie wichtig es ist, zwischen menschlicher Entwicklung und hausgemachter – oder wie sie es nennt – »nicht-entwickelter« (= gewaltsamer) Veränderung zu unterscheiden: »Beide verfolgen diametral entgegengesetzte Ziele; denn das, was die Evolution an Vielfalt hervorbringt, die immer genauer an unsere Erfordernisse angepasst ist, zerstört die Veränderung durch das Ins-Spiel-Bringen von Verhaltensweisen oder Umständen, welche nicht die ganze Skala der unseren Interessen am besten dienenden Faktoren in Betracht ziehen. Veränderung vermag lediglich einen Teil wohlintegrierten Verhaltens durch einen anderen zu ersetzen, der dies nicht ist. Sie ersetzt das Komplexe und Angepasste durch das Einfachere und weniger Angepasste. Folglich üben die Veränderungen einen Druck aus auf das Gleichgewicht all der eng miteinander verwobenen Faktoren innerhalb und außerhalb des Systems. Die Evolution schafft somit Stabilität, die Veränderung bringt Verletzlichkeit hervor.«[16]

Den Regeln der Evolution und nicht-entwickelter Veränderung folgen nicht nur biologische, sondern auch psychische und soziale Gebilde. Die durch den Verlust an machtvoller Weiblichkeit einhergehende Verunsicherung wird bis heute durch eine entsprechende »Sicherheits«-Politik kompensiert. Die Ursachen liegen darin begründet, dass das männliche Gottesbild weder in der sichtbaren Welt verankert noch in der Lage ist, jene Grundwahrheiten und -erfahrungen zu versinnbildlichen, die der Mensch zum Leben braucht. Männlichen Menschen fehlt es schlichtweg an entsprechend kollektiven Verhaltensweisen, mit deren Hilfe weibliche Menschen durch Jahrmillionen hindurch jene Grunderfahrungen der Geborgenheit und Sicherheit vermitteln konnten, die im Bild der Großen Göttin – ja, selbst in christlichen Mariendarstellungen – ihren adäquaten Ausdruck fanden.

Damit aber kommen wir zum dritten Tabu, das darauf abzielte, die Göttin aus den Seelen der Menschen zu verbannen.

3. Tabu: »Du sollst keine anderen Götter haben neben mir.«

Die Göttin als Herausforderung des Monotheismus und des männlichen Egobewusstseins

Das erste und folglich wichtigste der Zehn Gebote lautet: »Ich bin der HERR, dein Gott, der dich aus Ägyptenland geführt hat. Du sollst keine anderen Götter haben neben mir ... Denn ich, der HERR, dein Gott, bin ein eifersüchtiger Gott ...« (2. Mose 20,2.5).

So haben wir es von klein auf gelernt, und so lernen Kinder es heute noch. Und das zu einem Zeitpunkt, wenn sie sich über Sinn, Hintergrund und Folgen dieses Verbots noch keine eigenen Gedanken machen können und es daher wie ein Tabu in unser aller Seele verankert werden kann. So bedarf es keiner weiteren Begründungen mehr, um zu wirken. Dabei wird gewährleistet, dass der Monotheismus-Anspruch weit in nichtreligiöse Bereiche hineinreicht. In seinem Gefolge kommt es zu falschen Fixierungen von Lebensgemeinschaften auf Monogamie, von Landwirtschaften auf Monokultur und schließlich zu einem Lebensgefühl von Monotonie.

Dass es nur einen Gott gibt, bekunden alle drei Buchreligionen. Angeblich aber hat dieser Gott kein Geschlecht und repräsentiert folglich Weibliches und Männliches zugleich. Dagegen sprechen allerdings: seine Bevorzugung des männlichen Geschlechts sowie seine Frauenfeindlichkeit, seine einseitig männliche Sprache und Symbolik sowie die Vorstellung seiner Propheten, er sei der Ehemann oder Bräutigam seines Volkes. Alles verweist auf seine Männlichkeit, die zu leugnen etwas Groteskes an sich hat. Hinzu kommt, dass er Tausende von Malen als »HERR« bezeichnet wird und damit wohl kaum seine Androgynität oder gar Geschlechtsneutralität unter Beweis stellen kann.

In der mythischen Weltsicht der Göttinnen-Kulturen hatten auch männliche Götter ihren Platz gemäß ihrer Bedeutung für die Erschaffung und Erhaltung von Leben. Wo männliches Wirken wahrgenommen wurde, da wurde ihm auch Verehrung zuteil. Es gibt keine Mythen, in denen Göttinnen die Verehrung von Göttern verbieten, diffamieren, verhindern oder gar unter Strafe stellen. Sie waren durchaus bereit und in der Lage, Götter zu integrieren, denn letztendlich waren sie es, die jene hervorgebracht hatten, wie zahlreiche Texte bekunden. So wird zum Beispiel die ägyptische Isis als »Herrscherin der höchsten Götter« gepriesen.[17]

So war es einerseits möglich, mit der Verehrung einer Vielzahl von Mächten, Kräften und Persönlichkeiten diese auch im Bewusstsein zu verankern. Andererseits aber wurden die eigenen Gottheiten einer Kultur auch in jenen anderer Völker wiedererkannt – und gleichermaßen verehrt. Noch in patriarchalen Epochen des Mittelmeerraumes hatten die Griechinnen und Griechen bei ihrer Ankunft in Ägypten kein Problem, in den dort verehrten Gottheiten Nut oder Hathor, Amun oder Horos ihre eigenen Gottheiten Hera, Zeus und Apoll wiederzuerkennen.

Recht ähnlich erging es den Römern. Als sie nach Griechenland kamen, war ihnen sofort klar, dass ihr Jupiter dort Zeus hieß, ihre Juno Hera, Ceres Demeter und Prosperina Persephone – um nur einige zu nennen.

Nur die biblischen Schreiber weigerten sich anzuerkennen, dass Zeus, der auch Jove genannt wurde, dieselbe göttliche Kraft darstellte, die bei ihnen Jahwe hieß. Sie bestanden darauf, dass es nur einen Namen gab – Jahwe. Das jüdische Volk hingegen hatte – wie bereits erwähnt – noch zu Zeiten des Propheten Jeremia im sechsten vorchristlichen Jahrhundert in der ägyptischen Himmelskönigin ganz klar die eigene Göttin wiedererkannt, ihre Feste mit Begeisterung gefeiert und sich dabei erinnert, dass auch bei ihnen diese Göttin »in den Straßen Jerusalems« verehrt worden war, bevor ihnen Jahwe als einziger HERR von einer kleinen Prophetenclique aufgezwungen wurde.

Religionsgeschichtlich ist es gar keine Frage, dass auch Jahwe ursprünglich eine hebräische Version des römischen Jupiter, des griechischen Zeus, des babylonischen Marduk und des kanaanäischen Baal war, mit deren patriarchalisierter Form er so manche Eigenart teilte: Wie sie schleuderte er seine Blitze hernieder, schickte Unwetter und Kriege, bestrafte die Menschen und spielte sich als oberster, ja sogar als alleiniger Herr auf. Vergleiche lassen erkennen, dass Texte über diese Gottheiten später von biblischen Redaktoren auf Jahwe umgeschrieben wurden. Anders als jene Götter aber legte Jahwe in impertinenter Weise Wert auf Exklusivität und zog eine Trennungslinie zwischen sich und seinen Vorläufern und Konkurrenten, indem er diese kurzerhand zu Götzen erklärte. Das wäre weder einem Zeus noch einem Jupiter, weder einem Baal noch einem Marduk eingefallen.

So gilt das, was Jean Liedloff über nicht-entwickelte Veränderungen geschrieben hat, ebenso für die gewaltsame »Einführung« und Durchsetzung des männlich-patriarchalen Monotheismus. Wie die biblischen Texte ganz klar erkennen lassen, hat dieser sich nicht aufgrund menschlicher Bedürfnisse allmählich entwickelt. Er erkämpfte sich einen formalen Sieg durch ein ungeheures Ausmaß an Gewalt und hemmungsloser Diffamierung anderer Gottheiten. – Und des Kampfes ist kein Ende, wie unter anderem das Um-sich-Greifen des islamisch-fundamentalistischen Monotheismus zeigt.

Instabilität und Verletzlichkeit sind Grundmerkmale patriarchaler Systeme, die von einer Krise in die nächste taumeln und jene Katastrophen produzieren, vor denen sie die Menschen zu schützen meinen. Religiöse und soziale Systeme sind komplexe Gebilde, die ursprünglich an ihr Umfeld angepasst waren. Sie entstanden einst im Umgang der Menschen mit der Natur, an deren Stelle zunehmend die soziale und kulturelle Wirklichkeit trat. Diese Systeme können nicht willkürlich verändert werden, ohne dabei gleichzeitig und langfristig großen Schaden anzurichten. Insofern lässt sich noch gar nicht absehen, wie groß der Schaden wirklich ist, der mit der Jahrhunderte währenden gewaltsamen »Einführung« des Monotheismus auf diesem Globus angerichtet wurde. Er prägt bis heute unser aller Psyche – insbesondere die männliche und mit ihr die – vermännlichte – Psyche von Frauen.

Äußert sich das Bilderverbot auf theologischer Ebene in der Vorstellung, es gäbe nur einen Gott, so auf psychologischer Ebene in der Idee einer vereinheitlichten Ego-Persönlichkeit, die nach dem männlichen Bilde geformt wurde. Mit ihr wurden die bewussten Aspekte der Erfahrung vergöttlicht und die Vielfalt seelischer Kräfte, die außerhalb des Egos liegen, verworfen, so dass sie uns immer wieder einholen und wir ihnen hilflos ausgeliefert sind. In diesem Prozess trennte sich das Egobewusstsein immer stärker von seinem seelischen Urgrund.

Das mag die folgende Zeichnung veranschaulichen:

Psyche – Monotheismus

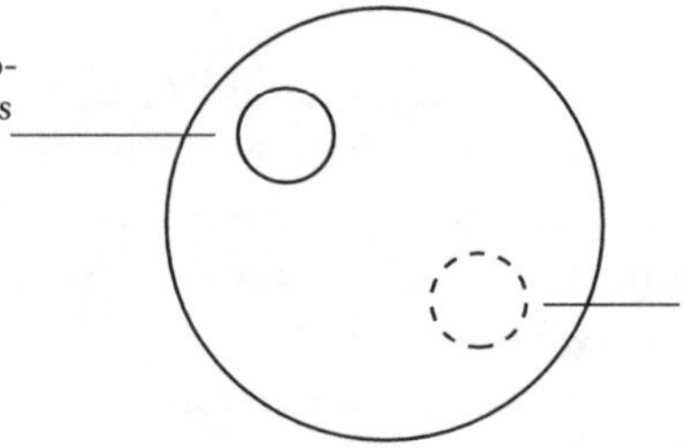

Auf dem weiten Meer unzähliger psychischer Möglichkeiten schwimmt wie eine kleine Insel das männliche Egobewusstsein, das längst für das kollektive Patriarchatsbewusstsein – und damit auch für Frauen – zur maßgeblichen Instanz geworden ist. Durch psychischen Dammbau (Verbote, Ideologien und Verdrängungen) wird diese Insel auf einen kleinen Bereich begrenzt, abgesteckt und – da sie ständig umspült und in ihrer trockenen Existenz bedroht wird – immer wieder trockengelegt. Dabei werden Unmengen psychischer Energien blockiert, die anderswo fehlen.

Das männliche Ego spricht: »Ich denke, also bin ich« (René Descartes). Unter diesem Motto wurden wir veranlasst, unsere Identität auf das denkende, begreifende Ich zu übertragen, das lange Zeit als alleiniger Urheber des Willens angenommen wurde. Diese Reduzierung der Psyche auf die Kategorie des Denkens, die als solche bereits eine selbst-entfremdende Wirkung hat, hatte für Frauen noch einen zusätzlichen Entfremdungseffekt dadurch, dass ihr eigenes Denken an der Gestaltung des Weltbildes keinen Anteil haben durfte.

Die ins Unbewusste verdrängten Schichten der Psyche modifizieren und ergänzen jetzt unser logisches Denken – allerdings ohne unser Wissen. Aus den Mythen von gestern wurden rationalisierte historische Fakten, die nicht nur von

Kindern als solche gesehen werden. (So soll Gott die Zehn Gebote dem Mose tatsächlich auf dem Berg Sinai übergeben haben. Und auch Jesu Opfertod und Auferstehung werden wie geschichtliche Tatsachen behandelt und geglaubt. Eine Unterscheidung zwischen historischer Wirklichkeit und religiösen Glaubensinhalten ist so erst viel zu spät möglich, nachdem viele Kinder und Erwachsene sich betrogen und verschaukelt vorkommen von der christlichen Lehre.)

Diese psychische Entwicklung hatte zur Folge, dass das männliche Ich seinen Willen bis heute diktatorisch einsetzt, um der Fiktion Geltung zu verschaffen, es sei der höchste Herrscher über die gesamte Psyche. Nun hat nicht mehr das persönliche Erleben der Menschen die Entscheidung darüber, was am besten sei, sondern der Intellekt einiger Männer hat diese Entscheidung an sich gerissen und beharrt bis heute auf absoluter Vorherrschaft für seine jeweiligen Vorlieben und Spekulationen.

So wie sich in der Religionspolitik das männliche Gotteswort gegenüber den primären Bildern durchzusetzen vermochte, so wie das Patriarchat das Matriarchat bekämpfte und schließlich besiegte, so setzten sich auch im psycho-sozialen Bereich die männlichen auf Kosten der weiblichen Kräfte durch, denn die unbewussten Kräfte gelten in der Psychologie bis heute als weiblich.

Das monotheistische Bilderverbot bedeutete eine Isolierung des Göttlichen von der Natur wie von allem Materiellen. Es führte über einen abstrakten Gottesbegriff, der die Sinne außer Acht ließ, zu einer sich steigernden Sinnentleerung, um dann schließlich in unserer Zeit im »Tode Gottes« wie auch in der »Unwirklichkeit« des Göttlichen und damit des Wirklichen zu enden.

Als »HERR der Geschichte« – und damit der Kriege – und nicht etwa als Tröster der Witwen und Waisen, die aus seinen Kriegen hervorgingen, hat der HERR mit seinem Absolutheitsanspruch in der Tat Geschichte gemacht. Doch wurde dieser Gott, der in erster Linie nach Macht strebte, schließlich seinerseits von den Mächtigen dazu benutzt, ihre eigene Machtanmaßung zu legitimieren. Solange der allmächtige HERR den Interessen der Macht dienlich war, vollzog sich der mehrfach proklamierte »Tod Gottes« nur recht zögerlich. Dort aber, wo sich demokratisches Denken ausbreitet, wird er als solcher schlichtweg überflüssig, auch wenn Theologen nicht müde werden, die »Errungenschaft« des monotheistischen Glaubens immer wieder als geistesgeschichtlichen Fortschritt hinzustellen.

Bei genauerem Hinschauen handelt es sich hierbei jedoch um einen folgenschweren Fehltritt; denn was als Gott bezeichnet wurde, war nie mehr als ein austauschbarer Männergötze, der den Herrschenden ebenso diente wie den Dienenden, den Reichen ebenso wie den Armen – vorausgesetzt, sie waren männlichen Geschlechts.

Fast unbemerkt konnte sich mit seiner Hilfe – als unheiliges Pendant zum monotheistischen Glauben – in unserem Jahrhundert ein effektiveres polytheistisches System durchsetzen, das Robert von Ranke-Graves so beschreibt: »Obgleich der Westen nominell noch christlich ist, werden wir in der Praxis von einem unheiligen Triumvirat (= Drei-Männer-Kollegium, C. M.) regiert, bestehend aus Pluto, dem Gott des Reichtums, Apollon, dem Gott der Wissenschaft, und Merkur, dem Gott der Diebe. Um alles noch zu verschlimmern, toben offene Zwietracht und Eifersucht zwischen diesen Dreien, wobei Merkur und Pluto einander Rückendeckung geben, während Apollon die Atombombe wie weiland einen Donnerkeil handhabt. Denn nachdem seine Philosophen im achtzehnten Jahrhundert das Zeitalter der Vernunft einläuteten, hat er den vakanten Thron des – zeitweilig indisponenten – Zeus … eingenommen.«[18]

Die Namen der Götter mögen sich geändert haben, doch sind sie als transzendente Mächte ganz einwandfrei zu identifizieren. Statt der Kräfte der Natur sind es diese vom Mann entfesselten Mächte, die ihren Tribut fordern und verehrt werden wollen. Durch sie wird die Welt beherrscht und in den Abgrund gerissen; denn diese Mächte eines unheiligen mafiosen Triumvirats vereinigen sich immer wieder neu mit der Macht, die letztlich nur einem Ziele dient: der Vernichtung – auch der eigenen Grundlagen und Ursprünge.

Was in der männlich-patriarchalen Theologie bislang als »Transzendenz« bezeichnet wurde, entpuppt sich zunehmend und überwiegend als das genaue Gegenteil: als eine Verengung auf Denkkategorien des Männlichen, die nicht in der Lage sind, es zu transzendieren.

Auf diesem Hintergrund erhält die Vorstellung weiblicher Transzendenz für Frauen eine etwas andere Bedeutung. Hier geht es nicht um den Anspruch, mit den Vorstellungen von einer Göttin das transzendieren zu wollen, was ist, sondern es vielmehr zur Geltung zu bringen. Transzendiert wird nicht die Wirklichkeit, sondern unser viel zu enges Bewusstsein von ihr. Im Bewusstsein ihrer Heimatlosigkeit im Patriarchat überschreiten Frauen mit Hilfe der Göttin-Symbolik die Grenzen eines Weltbildes, das seiner weiblichen Dimension beraubt wurde und sich als viel zu eng und frauenfeindlich erwiesen hat, um ihnen eine Orientierungshilfe bieten zu können. So wird für sie die Göttin erlebbar als Transzendenz in der Immanenz jener Welt, die Männer falsch definiert und folglich auch falsch behandelt haben.

Die Verabschiedung eines falschen Gottesbildes aber – und das dürften viele Frauen bereits erfahren haben – ist nicht einfach ein intellektueller Akt. Mit ihr verlassen wir eine beschränkte Vorstellung von dem, was wir selber sind und was Leben heißt. Im Zuge dieses Sinneswandels eröffnen sich neue Räume des Denkens, Fühlens und Wollens – und damit neue Dimensionen weiblichen Seins.

Gott – mit dem Kopf gemacht,
mit Gewalt durchgesetzt
und Männern Macht gebracht

die Göttin – wiedererwacht,
mit allen vernetzt,
die ihrer gedacht

Die Göttin –
Politikum und Therapeutikum

Im Rahmen theologischer Auseinandersetzungen wird immer wieder der Vorwurf laut, die Hinwendung zur Göttin käme einem »Rückfall in primitives Heidentum« gleich. Solange sich männliche Theologen seiner bedienen, ist er einigermaßen verständlich; denn sie haben durch die Rückkehr der Göttin und die Hinwendung der Frauen zu ihr in der Tat viel zu verlieren:

1. Ihr überproportioniertes männliches Ego, das sozusagen mit »seinem« Gott aufgrund der Geschlechtsgleichheit auf du und du steht, wird in Frage gestellt.
2. Als selbstverständlich hingenommene und unterstützte Denkfiguren und mit ihnen ein für sie längst unhinterfragbar gewordenes Verständnis von Transzendenz werden in ihrer ganzen Absurdität entlarvt.
3. Sie gehen einer theologisch interessierten weiblichen Klientel verlustig.

Bei Theologen fehlt es also nicht an Plausibilität: Mit gutem Gewissen und allen Autoritäten im Rücken können sie mit ihrem Vorwurf weiterhin theologische Scheuklappen legitimieren und männliche Macht schützen.

Die Göttin wird zum Politikum, stellt sie doch all dies in Frage und gibt Frauen einen Bereich des eigenständigen Nachdenkens über religiöse Wahrheiten in Bezug auf das eigene Geschlecht.

Wenn sich daher als »feministisch« und »befreiungstheologisch« ausgewiesene Theologinnen solcher Argumentationsmuster und Ausgrenzungen bedienen, indem sie ihrerseits von einem Rückfall ins »Neuheidentum« sprechen, wird ihr eigener »Kampf« gegen das Patriarchat fragwürdig. Schließlich bekämpfen sie mit der Göttin-Symbolik nicht nur jenes Politikum, das am besten geeignet ist, den von Männern gesetzten Rahmen zu durchbrechen, sondern auch jenes Therapeutikum, das Frauen hilft, sich von patriarchalen Deformierungen zu befreien und ihre verletzten Seelen zu heilen.

Im Rahmen dieser Kritik wird ein für das Patriarchat typisches lineares Denken erkennbar, das Progression (Fortschritt) als etwas per se Positives und folglich Regression (Rückschritt) als etwas per se Negatives wertet. Es legitimiert die Ausgrenzung all dessen, was zuvor als »regressiv« etikettiert wurde, und verhindert so einen ganzheitlichen Ansatz.

Dieser lässt sich im Bild der Spirale veranschaulichen: In ihr ist Regression ein Teil der Progression. Mit jedem Fortschreiten ist eine Rückkehr verbunden – nur auf einer anderen Ebene. Die Spirale bietet einen Weg, der in der Psychotherapie als heilsam bestätigt wird, denn nur durch die Rückkehr zu unverarbeiteten Geschehnissen kann die Befreiung von ihren krankmachenden Folgen und somit die Heilung der Seele erwirkt werden.

Wie im Kleinen – so auch im Großen lautet ein altes hermetisches Gesetz. Mit der gewaltsamen Durchsetzung des patriarchalen Monotheismus wurde die Psyche von Millionen von Menschen traumatisiert. Diese Verletzungen gilt es mitsamt ihren Ursachen bewusst zu machen und ins Bewusstsein zu integrieren. Hier also liegt der Fortschritt im Rückschritt, im Erinnern und in der Wiedergewinnung dessen, was uns genommen wurde.

Auf diesem Vorstellungshintergrund wird die Hinwendung oder Rückkehr zur Göttin zu einem progressiven Akt,

- der von traditionell frauenfeindlichen und unterdrückerischen Mustern und Vorstellungen befreit,
- der Frauen zu eigenen Werten und Bedürfnissen zurückfinden lässt,
- der ihnen Eigenmacht verleiht und ihre weibliche Würde zurückgibt,
- der weibliche Formen einer Spiritualität im Bild der Spirale eröffnet.

In jüngster Vergangenheit wurde die Welt Zeugin einer bewegenden Wiederkehr der Göttin – in Gestalt von Diana, der Prinzessin von Wales. Die Wirkung, die sie auf Menschen hatte, war überwältigend. Offenbar verstand sie es in einzigartiger Weise, jene weiblichen Kräfte zu verkörpern, die durch Jahrtausende hindurch als Göttin verehrt wurden:

- Ihr einzigartiger Charme, mit dem sie Menschen bewegte.
- Ihre strahlende Schönheit, die von innen gespeist wurde und sich mit Schamhaftigkeit und Zurückhaltung paarte.
- Ihre Reinheit als Mutter und Wohltäterin, die aus ihrem Sein heraus wirkte.
- Ihr Verlangen nach Gerechtigkeit, das sie empfindsam machte für die Zukurzgekommenen.
- Ihre Sanftmut, die für Entrechtete eintrat, ohne zu provozieren.
- Ihre Demut, die bereit war, den Menschen in Würde zu dienen.
- Ihre sich verströmende Liebe, die den Menschen Zuwendung und Nähe vermittelte und sich besonders den Schutzlosen zuwandte.
- Ihr Geist weiblicher Gemeinsamkeit, der Männer nicht ausschloss.
- Ihre Liebe zum Leben, mit der sie Freude verbreitete.
- Ihre weibliche Weisheit, mit der sie die Wirklichkeit richtig einschätzte und für neue Möglichkeiten offen war.

Diana hat diesen Aspekten des Weiblichen neuen Glanz verliehen. Sie wurde zum Mythos – und damit zu einer transzendenten Gestalt, die über ihren Tod hinaus die Herzen der Menschen zur Fortführung jener Wohltaten zu bewegen vermag, die von ihr zu Lebzeiten begonnen wurden.

Dianas Leben wies aber auch Parallelen zum Schicksal der Göttin im Patriarchat auf: In ihrem Nicht-Geliebt- und Betrogen-Werden, ihrem Verdrängt- und Gejagtwerden verkörperte sie genau das, was auch der Göttin im Patriarchat widerfahren ist: Sie wurde zugunsten männlicher Macht verfolgt, verdrängt, zerstückelt und schließlich getötet.

Im Leiden der jungen Ehefrau und Mutter vermochte sich eine überwältigende Mehrheit von Frauen wiederzuerkennen. So schwang in ihrer Trauer um Diana die Trauer um das eigene Ergehen mit.

Die schöne und einflussreiche Prinzessin wurde zur Identifikationsfigur nicht nur für weibliche Sehnsüchte und Träume, sondern auch für weibliches Leiden an männlicher Lieblosigkeit und patriarchalen Machtverhältnissen, die nicht zulassen konnten, dass ihr die Herzen der Menschen zuflogen und sie im Mittelpunkt der Verehrung stand.

Frauen werden auf der Grundlage jener Werte, die Diana verkörperte – überwiegend von Männern – schamlos ausgenutzt. Viele haben sich daher von ihnen getrennt. Sie wollen sich nicht länger schwächen, verletzen und ausbeuten lassen. Dabei aber haben sie – notwendigerweise – auf einen Teil ihrer selbst verzichtet und sich – bedauerlicherweise – dem Patriarchat ein Stück weit angeglichen.

Diana hat es verstanden, weibliche Werte in der ihr eigenen natürlichen Art zu leben – und sie mit weiblicher Stärke zu verbinden. An ihr wurde die Transzendenz dieser weiblichen Kräfte wieder spürbar.

Doch ist die Göttin mehr, als Prinzessin Diana in ihrem viel zu kurzen Leben verkörpern konnte.

Die Göttin – gegenwärtig in allem, was lebt.

Die Göttin – Symbol der Orientierung an weiblicher Weisheit.

Die Göttin – die eine Wirklichkeit hinter vielen Metaphern.

Die Göttin – ursprüngliches und wiedergefundenes Symbol des Unbenennbaren.

Der Göttin – religiöses Vorbild für Frauen,

- das sie davon abhält, sich einer männlichen Autorität zu unterwerfen,
- das ihnen hilft, sich selber anzunehmen und zu gefallen,
- das sie ermutigt, sich zu entfalten und ihre Kräfte zu erproben,
- das sie mit anderen Frauen verbindet und sie zu einem machtvollen Geschlecht erstarken lässt.

Anmerkungen

Thesen

1 Die Göttin ist tabu, in: Schlangenbrut Nr. 30, Aug. 1990, S. 15
2 Zit. Christ, 1985, 11
3 Carol Christ: Warum FRAUEN die GÖTTIN brauchen, in: Schlangenbrut Nr. 8, Feb. 1985, S. 11
4 Gerda Weiler: »Ich brauche die Göttin«, 160

Warum Frauen die Göttin brauchen

1 Z.B. Heine 1987; Sölle 1987; Weaver 1990
2 Vgl. Mulack 1990, Kap. 2
3 Vortrag in Frankfurt, Kirchentag 1985
4 Christ, Nennt uns nicht Brüder, 284
5 Vgl. u.a. Daly 1980 (1973); Halkes 1980; Moltmann-Wendel 1980; Jannberg 1982, 1983; Krattiger 1983; Göttner-Abendroth 1983; Mulack 1983, 1985, 1987, 1988
6 Halkes 1980; Mulack 1983, 1985, 1988; Sorge 1985; Weiler 1984; Wöller 1982, 1988
7 Mulack 1985; Warner 1982
8 Lüning 1983
9 Göttner-Abendroth 1982; Wöller 1982
10 Jung 1971, 352
11 Vgl. z.B. Mulack 1983, 1987
12 Meier-Seethaler, 17
13 Göttner-Abendroth; Meier-Seethaler; Mulack 1987 und 1992; Schreier; Stone; Weiler
14 Weiler 1990
15 Plaskow 1983, 229
16 a.a.O., 231
17 a.a.O., 230
18 Plaskow und Gross, 1985
19 Chung Hyung Kyung, 25
20 a.a.O., 29
21 a.a.O., 34
22 a.a.O., 21
23 a.a.O., 68
24 a.a.O., 74f
25 a.a.O., 78

26 a. a. O., 87
27 a. a. O., 100
28 a. a. O., 106
29 Für eine detaillierte Darstellung vgl. Mulack 1983, 1985, 1987 und 1988
30 Vgl. Renate Laut, 1983
31 Vgl. Neil Douglas-Klotz, 35f
32 Vgl. dazu insbesondere Mulack 1983; 1987; 1988
33 So zum Beispiel: Riedel, 1989; Whitmont, 1989; dazu auch C. G. Jung, 1971
34 Whitmont 1989, 7
35 Jung 1971, 496
36 a. a. O., 496f
37 Christ, 1979, S. 6
38 a. a. O.
39 Vgl. Mulack 1990 und 1993
40 Nähere Ausführungen zu diesem Thema in Mulack 1990
41 Vgl. den gleichnamigen Schuber
42 Zit. Judith Jannberg, 1984, 79f
43 Christ, 1985, 11
44 a. a. O.
45 Weiler, 1990, 160
46 Weiler, a. a. O., 160
47 Weiler, 1990, 15
48 Zit. a. a. O., 10
49 Elga Sorge in einem Vortrag, von dem ich nicht weiß, wo er veröffentlicht wurde
50 Vgl. hierzu Mulack, 1996
51 Weiler, 1990, 160
52 Zit. Christ, a. a. O.
53 Zit. Christ, a. a. O., 11

Drei patriarchale Tabus gegen das Weltbild der Großen Göttin

1 Robert Anton Wilson 1992, 57
2 Lexikon der Ägyptologie IV,537
3 a. a. O., 535
4 Vgl. 2 Kön 21,7 und dazu auch Vorländer 1981, 100
5 Morton Smith 1981, 16
6 a. a. O., 16
7 a. a. O., 18
8 Vgl. Exodus 32,25–35

9 Neumann, Gr. Mutter, 130
10 Vgl. Hohelied 4,12
11 Vgl. Neumann, a. a. O.
12 Ich verweise an dieser Stelle auf die Fülle von Göttin-Literatur, die inzwischen existiert. Stellvertretend für viele Autorinnen und Autoren seien an dieser Stelle nur einige genannt: Marija Gibutas, Buffie Johnson, Gerda Weiler, Vera Zingsem, Erich Neumann, Edward Whitmont
13 Lexikon der Ägyptologie I,630
14 Aus: Götter und Pharaonen, Katalog zur Ausstellung in Hildesheim, Sept. 1979, o. S.
15 Vgl. Mulack 1998
16 Liedloff, 37f
17 Vgl. Zingsem, 333
18 Ranke-Graves, 574

Literaturverzeichnis

Dies Verzeichnis enthält auch nicht-zitierte Bücher; die für das Thema von Bedeutung sind.

Budapest, Zsuzsanne: Herrin der Dunkelheit, Königin des Lichts, Freiburg 1987 (1979)

Christ, Carol P.: Warum Frauen die Göttin brauchen, in: Schlangenbrut Nr. 8, Febr. 1985

– *& Plaskow, Judith* (Hg.): Womanspirit Rising. A Feminist Reader in Religion, New York 1979

Chung Hyung Kyung: Schamanin im Bauch – Christin im Kopf. Frauen Asiens im Aufbruch. Stuttgart 1992

Daly, Mary: Jenseits von Gottvater, Sohn & Co., München 1980 (1973)

Dirks, Marianne (Hg.): Glauben Frauen anders? Freiburg 1983

Douglas-Klotz, Neil: Das Vaterunser, Meditationen und Körperübungen zum kosmischen Jesusgebet, München 1992

Francia, Luisa: Berühre Wege, kehr' zur Erde zurück, München 1982

– Mond, Tanz, Magie, München 1986

Gadon, Elinor W.: The Once and Future Goddess. A Symbol for our Time, New York 1983

Gimbutas, Marija: The Goddesses and Gods of Old Europe. Myths and Cult Images, London 1974

– The Civilization of the Goddess. The World of Old Europe, New York 1991

Götter und Pharaonen, Katalog zur Ausstellung in Hildesheim, Sept. 1979

Göttner-Abendroth, Heide: Die Göttin und ihr Heros, München 1980

– Die tanzende Göttin. Prinzipien einer matriarchalen Ästhetik, München 1982

– Landschaften aus der Gegenwelt. Gedichte 1976–1982, München 1982

– ›Du Gaia bist Ich‹, in: Pusch, Frankfurt 1983

– Das Matriarchat, Bd. I und II, Stuttgart 1988 und 1991

Gross, Rita M.: Steps toward Feminine Imagery of Deity in Jewish Theology, in: Heschel

Halkes, Catharina: Gott hat nicht nur starke Söhne, Gütersloh 1980
Heine, Susanne: Wiederbelebung der Göttinnen? Zur systematischen Kritik einer feministischen Theologie, Göttingen 1987
Heschel, Susannah: On Being a Jewish Feminist. A Reader, New York 1985
Irigaray, Luce: Genealogie der Geschlechter, Freiburg 1989
Jannberg, Judith: Ich bin eine Hexe, Bonn 1983
Johnson, Buffie: Die Grosse Mutter in ihren Tieren. Göttinnen alter Kulturen, Olten 1990
Jung, Carl Gustav: Zur Psychologie westlicher und östlicher Religion. Gesammelte Werke Band 11, Olten und Freiburg 1971
Kassel, Maria (Hg.): Feministische Theologie. Perspektiven zur Orientierung, Stuttgart 1988
Krattiger, Ursa: Die perlmutterne Mönchin. Reise in eine weibliche Spiritualität, Stuttgart 1983
Lang, Bernhard: Der einzige Gott. Die Geburt des biblischen Monotheismus, München 1981
Lao-Tse: Tao-Te-King, übersetzt von Erwin Rousselle, Frankfurt 1995
Laut, Renate: Weibliche Züge im Gottesbild israelitisch-jüdischer Religiosität, Köln 1983
Lexikon der Ägyptologie, Hg. von Wolfgang Helck und Wolfhard Westendorf, Wiesbaden 1986
Liedloff, Jean: Auf der Suche nach dem verlorenen Glück, München 1984
Lüning, Hildegard: Wie ich lernte, Maria zu lieben, in: Dirks, M. 1983
Mayer, Anton: Der zensierte Jesus. Doziologie des Neuen Testaments, Olten und Freiburg 1983
Meier-Seethaler, Carola: Ursprünge und Befreiungen. Eine dissidente Kulturtheorie, Zürich 1988
– Von der Löwin zum Wahrzeichen männlicher Macht. Ursprung und Wandel großer Symbole, Zürich 1993
Moltmann-Wendel, Elisabeth: Ein eigener Mensch werden. Frauen um Jesus, Gütersloh 1980
Mulack, Christa: Die Weiblichkeit Gottes. Matriarchale Voraussetzungen des Gottesbildes, Stuttgart 1983
– Maria – die geheime Göttin im Christentum, Stuttgart 1985
– Jesus – der Gesalbte der Frauen. Weiblichkeit als Grundlage christlicher Ethik, Stuttgart 1987
– Im Anfang war die Weisheit. Feministische Kritik des patriarchalen Gottesbildes
– Mutter, Tochter und Heilige Ruah, in: Sommer, N., S. 288–299

– Gott ist tot – es lebe die Göttin! in: Schmidt-Biesalski (Hg.), S. 91 f.
– Auf den Spuren der Göttin, Rüsselsheim 1994
– ... Aber meinen Vater habe ich geliebt ..., München 1999
Neumann, Erich: Die Große Mutte. Eine Phänomenologie der weiblichen Gestaltung des Unbewußten, Olten 1974 (1956)
Plaskow, Judith: The Right Question Is Theological, in: Henschel & Christ, Carol (Hg.): Womanspirit Rising. A Feminist Reader in Religion, New York 1979
Pusch, Luise (Hg.): Feminismus. Inspektion der Herrenkultur, Frankfurt 1983
Riedel, Ingrid: Die weise Frau in uralt-neuen Erfahrungen, Olten 1989
Schmidt-Biesalski, Angelika (Hg.): Befreit zu Rede und Tanz. Frauen umschreiben ihr Gottesbild, Stuttgart 1989
Schreier, Josefine: Göttinnen. Ihr Einfluß von der Urzeit bis zur Gegenwart, München 1978 (1968)
Singer, June: Androgyny. Towards a new Theory of Sexuality, London 1977
Sjöö, Monica: Wiederkehr der Göttin. Die Religion der großen kosmischen Mutter und ihre Vertreibung durch den Vatergott. Braunschweig 1985
Smith, Morton: Religiöse Parteien bei den Israeliten, in: Bernhard Lang
Sölle, Dorothee: Aus der Zeit der Verzweiflung. Ursprünge und gegenwärtige Tendenzen feministischer Theologie, in: Junge Kirche 11/87, S. 614–621
Sommer, Norbert: Nennt uns nicht Brüder, Stuttgart 1985
Sorge, Elga: Religion und Frau. Weibliche Spiritualität im Christentum, Stuttgart 1985
Spretnak, Charlene (Hg.): The Politics of Women's Spirituality. Essays on the rise of spiritual power within the feminist movement, New York 1982
Starhawk: Der Hexenkult als Ur-Religion der Großen Göttin, Freiburg 1983 (1979)
– Wilde Kräfte, Freiburg 1987 (1982)
Stone, Merlin: Als Gott eine Frau war. München 1988
Strahm, Doris: Vom Rand in die Mitte, Christologie aus der Sicht von Frauen in Asien, Afrika und Lateinamerika, Luzern 1997
Vorländer, Hermann: Der Monotheismus Israels als Antwort auf die Krise des Exils, in: Bernhard Lang 1981
Warner, Marina: Maria – Geburt, Triumph, Niedergang – Rückkehr eines Mythos? München 1982
Weaver, Mary Jo: Wer ist die Göttin und was bringt sie uns? in: Schlangenbrut Nr. 28, Feb. 1990, S. 6–15

Weiler, Gerda: Ich verwerfe im Lande die Kriege. Das verborgene Matriarchat im Alten Testament, München 1984. (Neu erschienen unter dem Titel: Das Matriarchat im Alten Israel, Stuttgart 1989)
– Der enteignete Mythos. Eine notwendige Revision der Archetypenlehre C. G. Jungs und Erich Neumanns, München 1985 (Neuaufl. Frankfurt 1991)
– Ich brauche die Göttin. Zur Kulturgeschichte eines Symbols, Basel 1990
Whitmont, Edward C.: Die Rückkehr der Göttin. Von der Kraft des Weiblichen in Individuum und Gesellschaft, München 1989 (1982)
Wilson, Robert Anton: Die neue Inquisition. Irrationaler Rationalismus und die Zitadelle der Wissenschaft, Verlag 2001, FFM 1992
Wöller, Hildegunde: Sophia (Weisheit), in: Maria Kassel, M. (Hg.), Stuttgart 1988
– Vom Vater verwundet. Töchter der Bibel, Stuttgart 1991
Wolf, Doris: Was war vor den Pharaonen? Die Entdeckung der Urmütter Ägyptens, Zürich 1994
Zingsem, Vera: »Der Himmel ist mein, die Erde ist mein.« Göttinnen großer Kulturen im Wandel der Zeiten, Tübingen 1995

Die Deutsche Bibliothek – CIP-Einheitsaufnahme

Mulack, Christa:
Religion ist zu wichtig, um sie den Männern zu überlassen: die Göttin kehrt zurück / Christa Mulack. – Stuttgart: Kreuz, 1998
ISBN 3-7831-1603-1

1 2 3 4 5   02 01 00 99 98

Postfach 80 06 69, 70506 Stuttgart, Tel. 07 11 / 78 80 30
Umschlaggestaltung: Jürgen Reichert, Stuttgart
Abbildung: Selket, Kairo, Ägyptisches Museum
Foto der Autorin: Cornelia Giese
Gesamtherstellung: Wilhelm Röck, Weinsberg
ISBN 3 7831 1603 1